Editoração Eletrônica, Impressão e Acabamento:
JURISMESTRE: Ambiente para um Apoio Acadêmico,
Científico e Metodológico
www.jurismestre.com.br
contato@jurismestre.com.br

FICHA CATALOGRÁFICA

Bibliotecária: Alice Tacão Wagner - CRB 7/RJ 4316

S487d
Serrano, Pablo Jiménez.
Doutrina dos direitos humanos. [livro eletrônico] / Pablo Jiménez Serrano. – Rio de Janeiro: Jurismestre, 2016.

124 p. : Il.

ISBN 978-85-69257-24-0

1. Direitos humanos. 2. Direito. I. Título.

CDD – 341.48

Pablo Jiménez Serrano

Graduação em Direito pela Universidade do Oriente, Cuba (1983), Mestrado em Epistemologia da Política e do Direito pela Universidade São Judas Tadeu (2005) e Doutorado em Direito pela Universidade do Oriente, Cuba (1996), diploma revalidado (RECONHECIDO), de acordo com os documentos constantes do Processo n. 2000.1.4694.1.7 pela Universidade de São Paulo - USP/SP (02 de agosto de 2004). Cursou o Programa de Doutorado: Metodologia Fontes e Instituições Jurídicas da Universidade de Alicante, Espanha. Professor e pesquisador do Centro Universitário Salesiano de São Paulo, Unisal, Lorena. Professor e pesquisador do Centro Universitário de Volta Redonda, UniFOA. Tem experiência na área de Direito, com ênfase em Direito Civil e Direito do Consumidor, atuando principalmente nos seguintes temas: Metodologia do Ensino e da Pesquisa Jurídica, Hermenêutica e Interpretação Jurídica, Filosofia do Direito, Ética Pública e Empresarial, Teoria do Direito etc. É autor de vários livros e artigos científicos.

SUMÁRIO

INTRODUÇÃO

Os estudos sobre direitos humanos, certamente, são considerados inevitáveis e obrigatórios nas universidades nacionais e estrangeiras, fundamentalmente, por se considerar que a crise político-moral e jurídica atual é um fenômeno que precisa ser estudado por todos aqueles que se empenham em construir um direito crítico, justo e humanista.

De modo indubitável, os temas vinculados aos Direitos Humanos são de grande valia teórica e prática, não só para os juristas, mas também para os estudantes e profissionais de outras áreas, aquele que, habitualmente, discutem questões consideradas transversais e relevantes das Ciências Sociais: da Política, da Filosofia, da Pedagogia, da Economia e do Direito.

Devido a essa importância, na presente obra decidimos abordar os direitos humanos a partir de um enfoque não somente jurídico, mas também sociológico, filosófico e político. Discutimos, pois, o conceito, as características, a natureza, a origem, os fundamentos e as dimensões e, finalmente, a concretização desses direitos, identificando as normas: princípios e regras, constitutivas dos ordenamentos jurídicos internacional e nacional que são representativas de um "macrossistema" de garantias e de direitos essenciais à existência humana.

Neste estudo, indagam-se as razões pelas quais, apesar de sua prescrição legal, os direitos humanos são desconsiderados por muitos governantes e agentes políticos. Discutem-se as causas pelas quais os direitos humanos vêm sofrendo certas adaptações conforme aos interesses de grupos, partidos e classes sociais, e os motivos pelos quais eles não se concretizam naquelas sociedades chamadas de complexas: injustas e desiguais.

Como é compreensível, não será suficiente abordar o conceito de direitos humanos sem antes revisar a sua história. Considera-se, igualmente, necessário discutir os motivos pelos quais as modernas interpretações e decisões jurídicas são, de fato, balizadas e influenciada pelo sistema de direitos humanos e fundamentais vigentes que, consequentemente, servem de referencial teórico e argumentativo a juízes e advogados nos processos de argumentação e decisão judicial.

Examina-se, todavia, a necessidade do estudo da lógica dos direitos humanos: o fundamento moral e normativo deste importante macrossistema que, ao expressar as garantias da convivência social, constitui-se, pensamos, no guarda-chuva da cidadania, da dignidade, da colaboração, da isonomia, da equidade, do respeito, da soberania e, enfim, da Vida em sociedade.

Do ponto de vista semântico distinguimos o Direitos Humanos, como disciplina, dos direitos humanos como conjunto de direitos especiais, procurando assim, estudar a sua epistemologia: significação, positivação, fundamentação e concretização, considerando-os, assim, como um conjunto de direitos dialeticamente ligados à democracia e à Justiça social, superando a dicotomia histórica estabelecida entre o direito público e o direito privado.

Finalmente, gostaria de agradecer a todos os colegas e alunos que me incentivaram na idealização e na elaboração desta obra.

A todos muito obrigado e boa leitura!

1
O CONCEITO DE DIREITOS HUMANOS

Neste capítulo abordamos as diferentes noções de "direitos humanos" por nós conhecidas ou, ao menos, constatadas nas doutrinas histórica e moderna, nacional e estrangeira, por meio das quais, de forma abrangente e passível de diversos significados e interpretações, se designam tais direitos, por exemplo, como "direitos naturais", "direitos do homem", "direitos individuais", "direitos públicos subjetivos", "direitos difusos", "direitos coletivos" e, por fim, como um conjunto de direitos e garantias imprescindíveis à Vida, à Cidadania, e a Justiça social.

1.1 O que são direitos humanos

Pois bem, a expressão "direitos humanos" é uma forma resumida e específica de denominar os direitos que são essenciais ao ser humano. Eles são os direitos morais imprescindíveis à Vida, pois sem eles a pessoa humana não tem dignidade, não consegue desenvolver a sua capacidade de poder participar plenamente da vida pública.

Define-se, assim, os direitos humanos como um "conjunto institucionalizado de direitos e garantias do ser humano que tem por finalidade básica o respeito a sua dignidade, por meio de sua proteção contra o arbítrio do poder estatal e o estabelecimento de condições mínimas de vida e desenvolvimento da personalidade humana pode ser definido como direitos humanos fundamentais". (MORAES, 1998, p. 39)

Decerto, todos os seres humanos, ensina Dalmo de Abreu Dallari (1998, p. 7), por serem seres sociais, devem ter asseguradas, desde o nascimento, as condições mínimas necessárias para serem incluídos socialmente, para, como cidadãos, se tornarem úteis à humanidade, como também devem ter a possibilidade de receber os benefícios que a vida em sociedade pode proporcionar. Esse conjunto de condições e de possibilidades associa as características naturais dos seres humanos, a capacidade natural de cada pessoa e os meios de que a pessoa pode valer-se como resultado da organização social. É a esse conjunto que se dá o nome de *direitos humanos*.

Diz-se, assim, de um conjunto de mecanismos, um método a ser desenvolvido por toda a humanidade em direção à realização da dignidade humana, fim que deve ser almejado por todos os governos e povos, com o objetivo de assegurar o respeito à pessoa humana e, por conseguinte, à existência digna, capaz de propiciar o home o desenvolvimento da personalidade e de alcançar o sentido da sua própria existência". (JAYME, 2005, p.1)

A verdade é que, para entendermos com facilidade o que significam direitos humanos, basta dizer que tais direitos correspondem a necessidades essenciais da pessoa humana. Trata-se daquelas necessidades que são iguais para todos os seres humanos e que devem ser atendidas para que a pessoa possa viver com a dignidade que deve ser assegurada a todas as pessoas. Assim, por exemplo, a vida é um direito humano fundamental, porque se ela a pessoa não existe. Então a preservação da vida é uma necessidade de todas as pessoas humanas. Outras necessidades são também fundamentais, como a alimentação, a saúde, a moradia, a educação, e tantas outras coisas. (DALLARI, 1998, p. 7)

Eis aqui a minha definição: os direitos humanos são um Macro Sistema jurídico felizmente reconhecido como imprescindível à Vida, à Inclusão e à Convivência Humana: um conjunto de direitos básicos e necessários à existência e ao desenvolvimento do ser humano: dos indivíduos, das sociedades e da convivência humana.

1.2 Fundamentos de direitos humanos

Consideramos os direitos humanos como um conjunto de direitos necessários à vida em convivência, isto é, uma condição essencial à Vida e ao convívio social. Esta visão constitui o cerne dos fundamentos dos direitos humanos.

Contudo, falar em paz, convivência e harmonia implica falar em valores, isto é, indicar as finalidades, ou melhor, os fins últimos que toda sociedade e por extensão, a humanidade espera.

Mas, em verdade, conforme explica Alexandre de Moraes (1998, p. 34) inúmeras são as teorias desenvolvidas com o intuito de justificar (fundamentar) os direitos humanos, destacando-se, porém, a *teoria jusnaturalista*, a *teoria positivista* e a *teoria moralista*. Vejamos.

a) Teoria jusnaturalista. De acordo com o nosso autor, a teoria jusnaturalista fundamenta os direitos humanos em uma ordem superior universal, imutável e inderrogável. Por essa teoria, os direitos humanos fundamentais não são criação dos legisladores, tribunais ou juristas, e, consequentemente, não podem desaparecer da consciência dos homens. Assim sendo, os direitos humanos seriam direitos naturais de todos os seres humanos e, portanto, a sua proteção e promoção são responsabilidades primordiais dos Governos.

b) Teoria positivista. Diferentemente da anterior, a teoria positivista fundamenta a existência dos direitos humanos na ordem normativa, legitimando-se, assim, a soberania popular. Assim, somente seriam direitos humanos fundamentais aqueles expressamente previstos no ordenamento jurídico positivado. Essa orientação é sustentada na Declaração Universal dos Direitos Humanos da ONU, de 10-12-1948, por meio da qual se proclama a necessidade essencial dos direitos da pessoa humana serem "protegidos pelo império da lei, para que a pessoa não seja compelida, como último recurso, à rebelião contra a tirania e a opressão".

c) Teoria moralista. A teoria moralista apresenta a fundamentação dos direitos humanos fundamentais na própria experiência e consciência moral de um determinado povo, que acaba por configurar o denominado "*espiritus razonables*".

Neste sentido, os direitos humanos estão assentados nos deveres morais. Diz-se, assim, de um direito ou direitos morais e sociais que condicionam a existência humana. Logo, a principal aspiração da humanidade é a de disseminar tais direitos morais, fazendo com que eles façam parte da consciência do homem.

Pessoas conscientes do que são e do que os outros são, saberão orientar a sua conduta observando tais direitos morais, fazendo predominar, assim, o respeito e a colaboração.

Dissemos, então, que existe uma falha ou lacuna na solidariedade natural, que decorre da fragilidade da pessoa humana e que deve ser complementada com direitos morais. Eis, aí o ponto de partida da concepção básica e dos fundamentos dos direitos humanos. Preencher as lacunas dessa solidariedade ausente é a razão dos direitos humanos.

Neste sentido, o homem, para poder viver em companhia de outros homens, deve ceder parte de sua liberdade primitiva que possibilitará a vida em sociedade. Essa parcela de liberdades individuais cedidas por seus membros, ao ingressar em uma sociedade, se unificam, transformando-se em poder, o qual é exercido por representantes do grupo. Dessa forma, poder e liberdade são fenômenos sociais contraditórios, que tendem a anular-se reciprocamente, merecendo por parte do direito uma regulamentação, de forma a implodir tanto a anarquia quanto a arbitrariedade. Assim, por exemplo, o combate ao crime não pode ocorrer com atropelo da ordem jurídica nacional, sob pena de vir a grassar regime totalitário, com prejuízo para toda a sociedade. (MORAES, 1998, p. 21)

Resumindo, os direitos humanos, assim concebidos, como direitos morais, situam-se acima das leis criadas pelo homem e emanadas do poder estatal, tendo como fundamento o respeito à dignidade humana; a pessoa humana é ao valor fundamental da ordem jurídica. (JAYME, 2005, p. 14)

1.3 Importância dos direitos humanos

Penso que a ideia da importância dos direitos humanos, evidentemente, está contida na sua própria definição e fundamentos. De fato, os direitos humanos (direitos do homem), anteriormente definido como o conjunto de direitos imprescindíveis à existência e subsistência do ser humano, tem um caráter teleológico e funcionalista.

É claro que, em essência, os direitos humanos envolvem as necessidades essenciais da pessoa humana e, portanto, o seu sentido ou finalidade consiste em satisfazê-las.

Trata-se, pois, do seguinte: aquelas necessidades que são iguais para todos os seres humanos devem ser atendidas para que cada pessoa possa viver com a dignidade. Assim, como outros tantos direitos, por exemplo, a vida é um direito humano fundamental, porque sem ela a pessoa não tem existência. Logo, a preservação da vida é uma necessidade de todas as pessoas humanas. Outras necessidades são também fundamentais, como a alimentação, a saúde, a moradia, a educação, e tantas outras coisas. (DALLARI, 1998, p. 7)

Conforme explica Alexandre de Moraes (1998, p. 39), os Direitos Humanos e Fundamentais definem-se como,

> um conjunto institucionalizado de direitos e garantias do ser humano que tem por finalidade básica o respeito a sua dignidade, por meio de sua proteção contra o arbítrio do poder estatal e o estabelecimento de condições mínimas de vida e desenvolvimento da personalidade humana.

Dissemos, pois, que os direitos humanos, assim, como será demostrado constitui um macro sistema de direitos e garantias que objetivam a dignidade do ser humano.

Eles se identificam com a plenitude do direito à vida, sob o aspecto físico e moral; daí, consagrarem a dignidade da pessoa humana como seu fim. A idéia de direitos humanos, como realização da dignidade humana, deve ser compreendida de forma dinâmica, por representarem eles, os direitos humanos, patamares mínimos para uma existência digna. Todavia, os valores neles consagrados, tais como liberdade, igualdade, democracia, bem-estar, felicidade, são cláusulas abertas e, portanto, inexauríveis. Assim, respeitar os direitos humanos significa conferir condições mínimas, necessárias para o indivíduo desenvolver seus potenciais com o máximo de liberdade possível. (JAYME, 2005, p.2)

É possível, com efeito, afirmar que se trata de direitos que estão, efetivamente, a serviço da humanidade, uma vez que, ao aperfeiçoar-se e evoluir cotidianamente, amplia a própria percepção e dimensão da condição humana, na mesma intensidade da evolução da sociedade (JAYME, 2005, p.1). É possível, todavia, afirmar que a sua falta de eficácia emana do fato de que historicamente eles foram e, ainda, são usados como mecanismos de defesa de uma ideologia; sendo abordada a matéria com um enfoque não somente jurídico, como também político.

Desta maneira, visando ao bom uso desses direitos, a humanidade necessita conhecer suas razões históricas, as finalidades humanistas e sociais.

2
A CARACTERIZAÇÃO DOS DIREITOS HUMANOS

Neste capítulo discutimos as características, a natureza e o *status* dos direitos humanos. Procuramos, desta forma responder a seguinte questão: como são os direitos humanos e quais são os elementos individualizadores desses direitos? Qual é a sua constituição e hierarquia?

2.1 Características dos direitos humanos

Os direitos humanos são direitos que, como já abordado, têm como principal característica a de serem direito morais.

Admitamos, pois, que os direitos humanos se identificam com a plenitude do direito à vida, sob o aspecto físico e moral; daí, consagrarem a dignidade da pessoa humana como seu fim. A idéia de direitos humanos, como realização da dignidade humana, deve ser compreendida de forma dinâmica, por representarem eles, os direitos humanos, patamares mínimos para uma existência digna. Todavia, os valores neles consagrados, tais como liberdade, igualdade, democracia, bem-estar, felicidade, são cláusulas abertas e, portanto, inexauríveis. Assim, respeitar os direitos humanos significa conferir condições mínimas, necessárias para o indivíduo desenvolver seus potenciais com o máximo de liberdade possível (JAYME, 2005, p.2). E é precisamente por isto que os direitos humanos apresentam as seguintes características:

a) *Supremacia*, é o direito dos direitos. Ele está acima das legislações nacionais. "A Corte Interamericana de Direitos Humanos, órgão supremo para interpretar e aplicar a Convenção Americana de Direitos Humanos no continente americano, explicita, em sua jurisprudência, que a principal característica desses direitos é exatamente a supranormatividade". Os ordenamentos jurídicos, internacional e interno, encontram-se em constante interação, formando um todo harmônico, o que se confirma através da jurisprudência do Tribunal Constitucional Federal da Alemanha: "a jurisprudência do Tribunal Europeu de Direitos Humanos contribui na determinação do conteúdo e alcance dos direitos fundamentais da Constituição. Ainda que a Lei Fundamental não confira, explicitamente, hierarquia supralegal à Convenção Europeia, mostra-se suficiente o reconhecimento do Tribunal Constitucional, de modo que a inserção de dispositivo, nesse sentido, na Lei fundamental alemã, seria supérflua. No nosso continente, a exemplo do que ocorre na Europa, já se registram casos em que os órgãos de cúpula do Poder Judiciário da Argentina, da Costa Rica e do Equador reconheceram em seus julgados a primazia da Convenção Americana sobre as normas de direito interno, até mesmo sobre as normas constitucionais". De fato, os tratados de Direito Internacional dos Direitos Humanos, especialmente a Convenção Americana de Direitos Humanos, constituem normas jurídicas hierarquicamente superiores às de direito interno, o que se demonstra mediante o exame da jurisprudência da Corte Interamericana de Direitos Humanos, que reiteradamente decide que as normas substantivas e direitos humanos têm hierarquia supraconstitucional". (JAYME, 2005, p. 2, 3, 9)

Doutrinariamente, parece estar superada a dicotomia da primazia entre norma de direito interno e norma de direito internacional. A controvérsia não tem mais razão de existir em relação aos direitos humanos, nem mesmo no nível meramente doutrinário.

b) *Indivisibilidade*, "a indivisibilidade permeia toda noção de direitos humanos; entre direitos civis, políticos, econômicos, sociais e culturais, não se estabelece primazia de uns em desfavor de outros, pois todos são essenciais à realização do princípio da dignidade humana" (JAYME, 2005, p. 2). Logo, o discurso sobre direitos humanos não admite a distinção e confronto entre direito público e privado ou entre direitos individuais e sociais.

c) *Universalidade*, que decorre da condição invariável da pessoa humana, "pois basta o indivíduo ser humano para tornar-se titular desses direitos, independentemente de qualquer condição economia, social, étnica, sexual, religiosa, ou de situação geográfica. Esse indivíduo, em qualquer lugar, usufrui de proteção incondicional dos direitos humanos" (JAYME, 2005, p. 2). Assim, basta nascer (nascer vivo) para adquirir a condição de ser humano e desfrutar desses direitos.

Além disso, reconhece-se o Direito Internacional dos Direitos Humanos, obrigatório e universal, por estabelecer os limites intangíveis para os estados, cujas normas situam-se no topo da hierarquia normativa, porquanto que dita a última palavra sobre interpretação e aplicação das normas de direitos humanos é a jurisdição internacional. (JAYME, 2005, p. 2)

Todavia, no plano da sua significação e uso, os Direitos Humanos não podem continuar a serem pensados como um conjunto de direitos limitados a um grupo, classe, raça ou sexo (ou gênero). Os Direitos Humanos são direitos do home, isto é, direito de todos e isso justifica a ideia de que, ainda, perante a diversidade e diferenças que o multiculturalismo impõc, podcm scr concrctizados.

d) *Sistematicidade*, diz-se da existência de um sistema de direitos humanos. "A partir do reconhecimento de que os tratados de Direitos Humanos são concebidos não como meros enunciados de valores, mas dotados de força cogente, vinculante e efetiva, os estados assumem o dever de cumpri-los e de fazê-los cumprir dentro das fronteiras de sua soberania. O sistema de proteção dos direitos humanos representa os limites e as condições dentro dos quais os estados podem atuar sem suscetibilizar a dignidade humana". (JAYME, 2005, p. 2)

Também, na doutrina de Alexandre de Moraes (1998, p. 41), encontramos um interesse em estudar as características dos direitos humanos. O citado autor coloca esses direitos numa posição hermenêutica privilegiada em relação aos demais direito previstos no ordenamento jurídico, apresentando como características principais, as seguintes:

a) Imprescritibilidade, não prescrevem pelo decurso do prazo;

b) Inalienabilidade, não existe possibilidade de transferência ou negociação de tais direitos;

c) Irrenunciabilidade, não podem ser objeto de renúncia, destas características surgem embates teóricos acerca da possibilidade da renúncia à vida, a eutanásia, o suicídio e o aborto;

d) Inviolabilidade, impossibilidade de desrespeito ou agressão a tais direitos por determinações infraconstitucionais ou por atos das autoridades públicas;

e) Universalidade, a abrangência desses direitos engloba todos os indivíduos, independentemente de sua nacionalidade, sexo, raça, credo ou convicção político-filosófica;

f) Efetividade, a atuação do Poder Público deve ser no sentido de garantir a efetivação dos direitos e garantias previstos, com mecanismos coercitivos para tanto, uma vez que a Constituição Federal não se satisfaz com o simples reconhecimento abstrato;

g) Interdependência, apesar da relação estreita entre todos os direitos, cada um deles tem autonomia própria;

h) Complementaridade, tais direitos não devem ser interpretados isoladamente, mas sim de forma conjunta com a finalidade de alcance dos objetivos previstos pelo legislador constituinte.

Na doutrina internacional também constatamos tais características. Assim, por exemplo, como bem ensina Alexy (1998), nem todos os direitos são direitos humanos. Conforme o nosso autor os direitos humanos se diferenciam de outros direitos por causa das suas cinco características: universalidade, validez moral, fundamentalidade, prioridade e abstração. Vejamos.

a) *Universalidade* é o primeiro rasgo essencial dos direitos humanos, no entanto, devemos distinguir entre a universalidade do titular e a dos destinatários. A universalidade de *titularidade* consiste em que os direitos humanos são direitos que correspondem a todos os seres humanos. Desta determinação do círculo de titulares emanam três problemas. O primeiro resulta de a utilização do conceito ser humano. A delimitação mais clara do círculo de titulares se logra quando se define este conceito biologicamente.

O que Alexy (1998) considera como universalidade da titularidade pode ser resumido assim: os direitos humanos são direitos de todos os seres humanos, como indivíduos, independentemente do seu poder aquisitivo. A universalidade em face dos *destinatários* é mais complicada. Diz-se frequentemente que os direitos humanos são direitos *erga omnes,* o que significa que os direitos humanos são direitos de todos frente a todos. Todavia, explica o citado autor existem direitos humanos absolutos e relativos. Os direitos humanos absolutos são direitos que todos têm frente a todos os seres humanos, grupos e Estados. O direito à vida é um exemplo. Os direitos humanos relativos são direitos que todos têm frente a, pelo menos, um ser humano, um grupo ou um Estado. Um exemplo de um direito humano relativo frente ao Estado é o direito ao voto. Todos os cidadãos de todos os Estados têm este direito frente a seu Estado. Como exemplo de um direito humano relativo frente a um grupo, podemos considerar o direito de toda criança e jovem a receber assistência e educação por parte das suas famílias.

b) *Validez moral.* Considera-se a segunda característica essencial dos direitos humanos por meio da qual se afirma que os direitos humanos são direitos morais. Um direito moral existe quando a norma que o concede vale moralmente. Uma norma vale moralmente quando pode ser justificada frente a todos, aspecto que o torna parte de uma fundamentação racional. Desse modo, os direitos humanos existem precisamente quando, em hipótese, podem ser justificados frente a todos. A *universalidade da estrutura* dos direitos humanos, a qual consiste em que são basicamente direitos de todos frente a todos, se suma a uma *universalidade da validez,* a qual é definida por sua fundamentabilidade frente a todo, que faz parte de uma fundamentação racional.

Destarte, os direitos humanos pertencem ao âmbito da legalidade, sua qualificação como direitos morais, tem exclusivamente por finalidade de destacar seu status perante os direitos positivos.

Assim, continua Alexy (1998), um direito é um direito positivo, quando a lei que concede vale social ou juridicamente. Aqui somente deve interessar a validez jurídica. Um direito prescrito em norma que vale juridicamente, deve ser designado como «direito jurídico-positivo». A inclusão dos direitos morais no âmbito da legalidade, tem a vantagem de que tais direitos podem ser transformados em direitos jurídico-positivos, isto é: em direito positivo, primeiro, sem nenhum câmbio do seu conteúdo, e segundo, sem a perda da sua validez moral. Com a positivação, se suma, somente a validez jurídica como um fundamento adicional de validez, o que, desde logo, constitui o fundamento de validez decisivo na discussão jurídica. Assim, o caráter moral dos direitos humanos não se opõe a sua institucionalização como direitos jurídico-positivos.

Contudo, a positivação dos direitos humanos, afirma Alexy (1998), supera a ideia de que tais direitos somente valem moralmente. Diz-se, assim, do grande problema da fundamentação dos direitos humanos, tais como: a) os direitos de defesa da tradição liberal, que como direitos à abstenção, isto é, como direitos negativos que protegem os bens de direitos humanos como a vida e a liberdade; b) direitos de proteção, que obrigam o Estado a proteger o indivíduo ante intervenções de outros; b) direitos políticos, que permitem aos membros de uma comunidade jurídica fazer parte no processo de formação da vontade política; c) direitos sociais, que protegem o mínimo de subsistência; e d) direitos processuais, que garantem o cumprimento de todos os direitos anteriormente assinalados.

c) *Fundamentalidade.* Diz-se da terceira característica dos direitos humanos que é própria de todo direito. Os direitos humanos cuidam da proteção e satisfação de interesses e necessidades fundamentais. Um interesse ou uma necessidade é fundamental, quando sua violação ou sua não satisfação implica numa agressão à vida e à autonomia do ser humano. De fato, existe uma conexão entre a fundamentalidade dos direitos humanos e a validez moral. A respeito disso afirma-se que quando mais necessário um direito ele pode ser melhor fundamentado, o direito à vida é um bom exemplo disso. Ora, a fundamentalidade não é condição necessária da validez moral. Assim, por exemplo, a validez moral da regra segundo a qual afirmamos que uma pessoa não deve furar fila no banco, a não ser num caso de emergência-, deveria ser moralmente fundamentável.

Todavia, continua Alexy (1998), o âmbito dos direitos humanos não coincide necessariamente com o da justiça. O ato ou decisão que viola os direitos humanos é necessariamente injusto, mas, nem todo ato injusto viola os direitos humanos. Assim, por exemplo, existe um direito humano à educação. Existe, por outro lado, diversas políticas públicas (e sistemas de quotas) que objetivam a incluso de pessoas menos favorecidas no sistema de ensino superior, sendo fácil imaginar esta política como uma forma de distribuição que assegura esse direito, mas que, sem embargo, é considerada injusta por alguns favorecidos. Neste caso, aponta Alexy (1998), o assunto não é tanto um problema de direitos humanos, mas de justiça distributiva que deve decidir-se num processo político. Por este motivo, os direitos humanos, expressam somente uma mínima concepção de justiça.

d) *Prioridade.* Trata-se da prioridade que os direitos humanos têm frente ao direito positivo. Deve-se, contudo, diferenciar entre uma prioridade fraca e uma forte. A primeira consiste em que o direito positivo não é a medida do conteúdo dos direitos humanos, mas, ao contrário, os direitos humanos são a medida para do conteúdo do direito positivo. A observância dos direitos humanos é uma condição necessária de legitimidade do direito positivo. O direito positivo que viola direitos humanos é em seu conteúdo, um direito incorreto. É discutível se esta incorreção é somente uma incorreção moral ou se tem também um carácter jurídico. Importa saber, que também a incorreção normativa é resultante da violação dos direitos humanos. Neste sentido, os direitos humanos se nos apresentam como balizas por meio das quais se suprime o carácter jurídico (e também a validez jurídica) do direito positivo com ele em conflito.

e) *Abstração.* Diz-se da quinta propriedade característica dos direitos humanos que consiste na possibilidade ou ato de separar mentalmente um ou mais elementos de uma totalidade complexa (coisa, representação, fato), os quais só mentalmente podem subsistir fora dessa totalidade. De fato, existem diferentes dimensões e graus de abstração. Vejamos um exemplo:

Conforme o artigo 5º da Constituição da República Federativa do Brasil: "Todos são iguais perante a lei, sem distinção de qualquer natureza, garantindo-se aos brasileiros e aos estrangeiros residentes no País a inviolabilidade do direito à vida, à liberdade, à igualdade, à segurança e à propriedade, nos termos seguintes: [...]".

Assim, podemos abstrair que "todos (brasileiros, estrangeiros, homem, mulher, independentemente de religião, raça etc.) têm direito à vida, à liberdade, à segurança, à propriedade".

Conforme explica Alexy (1998), os direitos correspondentes a esse enunciado normativo são abstratos em três aspectos ou dimensões. A primeira dimensão concerne aos destinatários, pois não se específica perante quem se dirige tais direitos, por tanto, se abstrai o destinatário. A segunda se refere à modalidade do objeto de direitos, pois fica em aberto a questão de se tais direitos somente se dirigem unicamente a uma ação positiva contra as intervenciones de outrem ou se também podem ser invocados contra ações negativas. Ficam, assim, abertos à interpretação e uso nos casos difíceis como, por exemplo, o aborto, a eutanásia etc., em que, por um lado a mãe em qualquer caso pode invocar ter direito à abortar, por causa da liberdade (autonomia) reconhecida no citado artigo, mas por outro terceiras pessoas poderiam facilmente argumentar que esse ato (aborto) fere a vida, também reconhecida no mesmo texto legal.

Quanto à liberdade, afirma Alexy (1998) ficaria condicionada às condições reais, por exemplo, as econômicas e ou digo, a educacional e a jurídica. Conforme explica o nosso autor a terceira dimensão da abstração afeta a restrição do direito. Nesse sentido nenhum dos direitos aqui discutidos: à liberdade, à vida é ilimitado. Eles encontram seus limites nos direitos dos outros concidadãos. Finalmente, às três dimensões de abstração se soma o alto grau de generalidade do objeto do direito, pois o direito à liberdade de expressão, de ir e vir (emigração) ou de profissão, seriam, por exemplo, mais especiais.

Igualmente, assim pensamos, nada vale o direito à vida sem dignidade, sem educação, sem trabalho, sem saúde etc.

Existe a tentativa de formular catálogos de direitos humanos com um menor grau possível de abstração, a exemplo das declarações e pactos de direitos humanos na ordem internacional são exemplos dessas tentativas. Todavia, tais tentativas fracassam pela falta de um compromisso formal, de vontade política e da programas e projetos governamentais, aspecto que limita a concretização desses direitos.

Importa, então, considerar que acima desses limites há de estar, em última análise visão casuística dos direitos humanos, isto é, a sua concepção e regulação nacional pautada pelo nível cultural e a consciência de cada país.

Devemos considerar que é os direitos humanos em alguns países são de fácil e reconhecido respeito, já noutros são tidos como mera utopia pela sua difícil aplicabilidade. Contudo, a aplicabilidade dos direitos humanos se estende ao conjunto de instituições de um determinado sistema jurídico, assim como também ao nível de consciência de cada povo. Daí que a consciência seja um elo importante que comunica a tutela desses direitos e a realidade que eles representam.

Em suma, devemos concordar com a idéia de que "os direitos do homem são por si mesmos universais". (BOBBIO, 2004, p. 9) São, todavia, direitos supremos na medida em que influenciam e se inserem no texto das Constituições nacionais.

2.2 Natureza jurídica dos direitos humanos

O presente tópico responde à pergunta: são os direitos humanos direitos naturais inatos?

Eis aqui a nossa resposta: Sim, os direitos humanos são direitos naturais. Mas, é absolutamente certo, que eles não são direitos naturais pelo fato de serem provenientes da razão humana ou da natureza das coisas. Os direitos humanos são direitos naturais justamente por serem decorrentes da existência do ser humano que é a sua fonte e razão direta. Assim, mas do que um fundamento jusfilosófico, importa seu fundamento normativo, pois a falta de observância e respeito estimula a necessidade de serem positivados, transformando-se, assim, em direitos fundamentais.

Os direitos humanos são direitos morais de responsabilidade não só dos Estados, mas de responsabilidade moral *universal* e *solidária* (ou *coletiva*), a saber:

a) de responsabilidade universal por serem direitos/deveres naturais e que não requerem consentimento: são direito/deveres que assumimos como indivíduos, como seres racionais;

b) de responsabilidade solidária (ou coletiva) que assumimos por ser membro de uma família, de um grupo, de uma coletividade, de uma nação, de um povo ou humanidade, que faz parte de um contexto e de uma história.

Se considerarmos os direitos humanos como direitos presentes na vida do cidadão, um direito indispensável para o pleno desenvolvimento da pessoa, devemos julgar de inconcebíveis que o seu sentido, alcance e concretização dependa de uma vontade ou vontades políticas.

2.3 Estrutura dos direitos humanos

Conforme ensina Robert Alexy (1998) os direitos humanos são direitos. Os direitos podem ser classificados de acordo com diferentes critérios. Sob o ponto de vista formal, recomenda-se diferenciar entre direitos sobre alguma coisa, as liberdades e as competências. Aqui devem interessar os primeiros. Direitos sobre alguma coisa se expressam por meio de relações normativas nas quais incidem três elementos: o *titular (a), o destinatário (b), e o* objeto (G) do direito. Diz-se, assim, de uma relação tradicional e tripartite que aparece para o operador do direito «D» da seguinte forma: *DabG.*

Conforme o citado autor este esquema não se aplica aos direitos humanos e fundamentais, pois o elenco de direitos humanos convencionais, geralmente, só se expressa por mio da relação entre um titular e um objeto, sem se indicar especificamente um destinatário. Assim, por exemplo, o Artigo I da Declaração Universal dos Direitos Humanos, adotada e proclamada pela resolução 217 A (III) da Assembléia Geral das Nações Unidas em 10 de dezembro de 1948 prescreve: “Todas as pessoas nascem livres e iguais em dignidade e direitos". Observa-se, nesta prescrição, a ausência de um destinatário, por tanto, poder-se-ia atribuir aos direitos humanos a categoria de uma relação bipartite entre um titular e um objeto. Assim sendo, os direitos humanos não se correspondem com o que tradicionalmente se designa como *ius in personam,* mas conforme o que aqui se denomina *ius in rem.* Conclui-se que seria adequado falar simplesmente de uma relação entre um titular e um objeto de direito. Enfim, o problema da fundamentação, da aplicação e do cumprimento dos direitos humanos é assim também o problema da fundamentação, da aplicação e do cumprimento de normas com determinadas estruturas e determinado conteúdo.

A não compreensão das diferenças existentes entre a estrutura clássica (tripartite) dos direitos e a atual (bipartite) que é própria dos direitos humanos origina uma inadequada interpretação e resolução dos casos difíceis (dilemas jurídico-morais) chagando-se ao ponto de se negar o valor e a utilidade desses importantes direitos. Esta estrutura bipartite contribui para os dilemas que a sociedade moderna enfrenta, caraterizada no capítulo 4, especificamente no item 4.2.

2.4 Status dos direitos humanos

A ideia do status dos direitos humanos se refere à posição especial ou lugar que eles ocupam no sistema de direito.

Assim, quanto à sua utilidade ou uso vislumbra-se uma situação panorâmica dos direitos humanos, que os situa acima dos já conhecidos ramos do direito: direito público e direito privado.

Como visto no tópico anterior a *supremacia* (o caráter supremo ou superior) dos direitos humanos o coloca num lugar privilegiado com respeito aos demais direitos. Até o ponto de ser considerado o *direito dos direitos.* A hierarquia atribuída a esse macrossistema é condição necessária para poder resolver os casos dilemáticos, onde os direitos humanos se situam acima das legislações nacionais, sendo considerado, neste sentido, um direito supranacional ou se se preferir "supraconstitucional".

Quanto a este ponto, penso, no mapeamento dos inúmeros sistemas de direito os direitos humanos balizam as diversas ordens, normas e disciplinas jurídica. É possível, com efeito, afirmar que a já criticada distinção entre o direito *público* e *privado* (ramos independentes ou autónomos) ficaria, assim, superada. Sendo que as críticas a dita classificação geralmente foram feitas observando uma leitura individualista e egoísta essencialmente marcada pela defesa dos interesses particulares e não coletivos.

É assim certamente, "os direitos humanos constituem-se em objeto do Direito Internacional dos Direitos Humanos, ramo autônomo do Direito, que possui normas substantivas e processuais próprias, destinadas a garantir a dignidade essencial do ser humano, a serem, supletivamente, efetivadas por um órgão jurisdicional independente, cujas decisões são irrecorríveis e inquestionáveis perante os órgãos de jurisdição nacionais". (JAYME, 2005, p. 4)

Todavia, conforme explica André de Carvalho Ramos (2001, p. 17), "os Direitos Humanos e sua proteção constituem o cerne do Direito Internacional contemporâneo". Resultam da consciência da comunidade internacional de que é necessário evitar a repetição de atos e fatos que degradam a natureza humana.

2.4.1 Direitos humanos como direitos fundamentais

A ideia de que os direitos humanos são fundamentais, já dissemos, emana da necessidade de serem considerados imprescindíveis à existência humana. Esta, de fato, trata-se de uma noção filosófica e moralista por meio da qual se pretende indicar a fundamentalidade moral desses direitos.

Mas, existe outra noção jurídica dos direitos humanos que insiste em indicar a necessidade da positivação desses direitos nas constituições nacionais. Certamente, a conversão desses direitos morais em normas jurídicas garante a sua exigibilidade, cumprimento e concretização. Surge, assim, a denominação "direitos fundamentais". Conforme à noção moderna de direitos fundamentais, assim serão considerados os direitos humanos, quando positivados nas constituições nacionais.

Pode-se dizer que os Direitos humanos se originam da própria natureza humana e daí o seu caráter inviolável, intemporal e universal; os direitos fundamentais seriam os direitos objetivamente vigentes numa ordem jurídica concreta. Assim, direitos fundamentais são direitos humanos constitucionalizados, gozando de proteção jurídica no âmbito estatal, reservando-se o emprego da expressão direitos humanos para as convenções e declarações internacionais, que desfrutam de proteção supra-estatal". (JAYME, 2005, p. 11-12)

Conclui-se, assim, que os direitos fundamentais são direitos essenciais à pessoa humana, definidos na Constituição de um Estado, contextualizados histórica, política, cultural, econômica e socialmente. São direitos inerentes à própria noção de pessoa como direitos básicos da pessoa como os direitos que constituem a base jurídica da vida humana no seu nível atual de dignidade, como as bases principais da situação jurídica de cada pessoa, eles dependem das filosofias políticas, sociais e econômicas e das circunstância de cada época e lugar" (JAYME, 2005, p. 11). Existe, pois, um diálogo, uma dialeticidade e complementariedade entre os direitos humanos e os direitos fundamentais.

Definem-se, logo, os direitos fundamentais como sendo,

> direitos público-subjetivos de pessoas (físicas ou jurídicas), contidos em dispositivos constitucionais e, portanto, que encerram caráter normativo supremo dentro do Estado, tendo como finalidade limitar o exercício do poder estatal em face da liberdade individual. (DIMOULIS, 2011, p. 49)

Quanto à distinção terminológica que vincula as denominações "direitos humanos" aos "direitos fundamentais", ensina Ingo Wolfgang Sarlet (2007, p. 33-36), vale a opção pela denominação "direitos fundamentais", o que, no entanto, não torna dispensável uma justificação, ainda que sumária, deste ponto de vista, no mínimo pela circunstância de que, tanto na doutrina, quanto no direito positivo (constitucional ou internacional), são largamente utilizadas (e até com maior intensidade), outras expressões, tais como "direito do homem", "direitos subjetivos públicos", "liberdades públicas", "direitos individuais", "liberdades fundamentais", "Direitos Humanos e Fundamentais", apenas para referir algumas das mais importantes. Desta forma, pese sejam ambas as denominações "direitos humanos" e "direitos fundamentais" comumente utilizadas como sinônimas, a explicação corriqueira e, diga-se de passagem, procedente para a distinção é de que a denominação "direitos fundamentais" se aplica para aqueles direitos do ser humano reconhecidos e positivados na esfera do direito constitucional positivo de determinado Estado. Todavia, a Constituição de 1988, em que pesem os avanços alcançados, continua a se caracterizar por uma diversidade semântica ao se referir aos direitos fundamentais. Assim, por exemplo, usam-se na Constituição expressões como: a) direitos humanos (art. 4º, inc. 11); b) direitos e garantias fundamentais (epígrafe do Título II, e art. 5º); c) direitos e liberdades constitucionais (art. 5, inc. LXX) e d) direitos e garantias individuais (art. 60).

Neste ponto julgamos conveniente afirmar que os direitos fundamentais, na verdade, são aqueles direitos humanos positivados nacionalmente. Em conformidade com isso, a positivação, ampliação e transformação dos direitos humanos em direitos fundamentais do homem dificulta sua definição concreta e precisa, aumentando, assim, a dificuldade do uso adequando do conceito.

Conclui-se, assim, que a noção de direitos fundamentais, como direitos reconhecidos e assegurados por uma determinada Constituição encontra-se necessariamente vinculada ao que se tem designado de dupla fundamentalidade formal e material, designadamente a circunstancia de que se cuida de bens jurídicos que, na ótica do Constituinte, expressa ou implicitamente enunciada, são dotados de suficiente relevância e essencialidade (fundamentalidade material) a ponto de merecerem e necessitarem de uma proteção jurídica e normatividade reforçada em relação até mesmo às demais normas constitucionais, mas especialmente no que diz com sua exclusão do âmbito de disponibilidade plena dos poderes constituídos. (SARLET, 2010, p. 18)

Pode-se objetar que a denominação “direitos individuais” parece ser insuficiente para afirmar os Direitos Humanos e Fundamentais, por se corresponder aos direitos do indivíduo isolado, assemelhando-se ao individualismo que fundamentou o aparecimento das declarações do século XVIII.

A denominação “direitos públicos subjetivos” parece constituir um conceito técnico-jurídico, nascido do Estado liberal, muito ligada à denominação “direitos individuais”, isto é, à concepção individualista do homem, tornando-se, assim, inadequada para caracterizar os “direitos fundamentais”.

A denominação “direitos públicos subjetivos” parece exprimir uma situação jurídica subjetiva, isto é, do sujeito em relação ao Estado, visando colocar os direitos fundamentais no campo do direito positivo. Vê-se que tal denominação considera-se superada pela própria dinâmica do desenvolvimento socioeconômico, onde a tutela, a concretização e o desfrute de qualquer direito fundamental exige atuação ativa dos poderes públicos.

2.4.1.1 Positivação dos direitos humanos

Por que devemos positivar os direitos humanos?

Eis aí a resposta: Dissemos na seção *2.4.1* que a conversão desses direitos morais em normas jurídicas garante a sua exigibilidade, cumprimento e concretização.

Sem dúvida, existem direito humanos que, como explicado, são direitos universais e morais. Mas, o seu não cumprimento, devido à falta de consciência social: jurídica e moral, exige a sua institucionalização a nível internacional e nacional. Evidentemente, por causa da sua natureza os direitos humanos precisam serem positivados para, assim, viabilizar seu reconhecimento.

Conforme ensina Alexy (1998), existem três razões que justificam a transformação dos direitos humanos em direito positivo, a saber: a) a razão (o argumento) do seu cumprimento; b) a razão (o argumento) do seu conhecimento e; c) a razão (o argumento) da sua organização. A esta lista, gostaríamos de acrescentar mais uma razão ou argumento, d) a razão da sua especificação. Vejamos.

a) *Cumprimento.* Conforme a esta razão os direitos humanos como direitos morais devem e podem ser exigidos. Igualmente, é possível condenar moralmente e juridicamente sua violação. Aqui o termo cumprimento é entendido como execução e, mais especificamente, aos efeitos deste estudo, deve ser entendido como realização ou concretização. Certamente, ninguém está seguro perante o conflito de valores que engendra a violência recíproca de uns contra outros. De fato, os direitos humanos como direitos morais devem ser fundamentáveis frente a todos. Neste sentido, a humanidade precisa de uma instancia comum que permita fazer cumprir tais direitos. O reconhecimento e respeito desses direitos morais não seria possível sem essa instância comum.

b) *Conocimiento.* A razão do conhecimento resulta do caráter abstrato dos direitos humanos. A aplicação dos direitos humanos a situações concretas, exige com muita frequência a interpretação e a ponderação. Uma pena privativa de liberdade de muitos nos imposta a um terrorista que detonou um artefato explosivo numa praça, com certeza não viola os direitos humanos; mas a mesma pena por exercer a sua liberdade de expressão contra um sistema autoritário, pode ser entendida como lesiva a um dos direitos humanos. Neste sentido, a positivação dos direitos humanos, sem dúvida, garante o seu conhecimento, delimitação e ponderação em face dos casos duvidosos e controversos onde não prima o consenso.

c) *Organização.* O critério ou razão de organização encontra seu fundamento na necessidade de uma ordem objetivando-se, assim, a sua adequação e garantia. Parece claro que, perante situações exigem a participação de vários Estados ou Municípios dentro de um único país surge o problema de organização. No caso específico do Brasil com muita frequência se justificam os problemas da falta de educação e de uma saúde dignas com a escassez ou não repasse de recursos pela União, com o mínimo existencial e a insolvência dos Estados.

d) *Especificação.* A razão ou argumento de especificação justifica a necessidade de indicar quais direitos humanos serão considerados fundamentais numa determinada sociedade e, conseguintemente, como esses direitos passarão a serem tutelados por códigos e leis específicas, objetivando, assim, a sua concretização. No Brasil tivemos a experiência, recente do reconhecimento da defesa dos direitos dos consumidores na Constituição Federal de 1988, mas somente em 1990 nasceria o Código de Defesa do Consumidor.

2.5 Extensão dos direitos humanos

No presente tópico discutimos a idéia de que os direitos humanos, já positivados nas constituições nacionais, se estendem e aplicam e repercutem nos diversos ramos do Direito.

Neste sentido, os direitos humanos irradiam as constituições, os códigos e as leis nacionais, estendendo-se aos diversos procedimentos de interpretação e de aplicação normativa.

Com efeito, os direitos humanos procuram satisfazer interesse de tipo geral, sem prejuízo de que possa contemplar também interesses particulares, a respeito dos quais tratam de encontrar um ponto de equilíbrio.

Mas, segundo penso, cabe aos poderes dos Estados nacionais desempenhar o seu papel para fazer emanar normas de acordo com seus interesses e aspirações já delineados no Macro Sistema de direitos humanos.

Tornou-se comum nas Constituições modernas incluir o reconhecimento de valores sociais, tais como: dignidade, direitos individuais, o livre desenvolvimento da personalidade, os direitos fundamentais e as liberdades públicas.

Todavia, o Direito Constitucional passa a ser visto como um ramo do Direito fundamental à organização e ao funcionamento do Estado, à articulação dos elementos primários do mesmo e ao estabelecimento das bases da estrutura política. Tem, pois, por objeto a constituição política do Estado, no sentido amplo de estabelecer sua estrutura, a organização de suas instituições e órgãos, o modo de aquisição e limitação do poder, por meio, inclusive, da previsão de diversos direitos e garantias fundamentais. (MORAES, 1998, p. 19)

Além disso, penso que os direitos humanos se sobrelevam aos direitos fundamentais, uma vez que a aplicação daqueles, apesar de supletiva, é posterior à destes, somente vindo a ocorrer quando as instituições nacionais se recusarem, por qualquer razão, a garantir os direitos essenciais do ser humano. Por essa razão, os métodos e sujeitos da interpretação e os instrumentos existentes para a concretização de uns e outros são distintos. (JAYME, 2005, p. 3)

Os direitos humanos e direitos fundamentais destinam-se, uns e outros, a conferir dignidade à existência humana, o que cria uma tendência inevitável em reconhecê-los com mesmo significado. Contudo, não podem ser compreendidos como sinônimos, pois a denominação diferenciada não decorre de mero preciosismo acadêmico, mas de implicações diferenciadas no âmbito de aplicação de cada um deles. A pesar da similitude de conteúdos entre os direitos humanos, consagrados em tratados internacionais, a distinção entre uns e outros mostram-se imprescindível, em face da diversidade de consequências jurídicas advindas da aplicação de um e outro". (JAYME, 2005, p. 11)

3

HISTORICIDADE DOS DIREITOS HUMANOS

Estc capítulo tem como objetivo oferecer uma abordagem resumida da evolução histórica dos direitos humanos, por meio da qual, pensamos, tornar-se-á possível a compreensão das razões epistemológicas: a origem e o desenvolvimento desses importantes direitos.

3.1 Gênese dos direitos humanos

Conforme sua compreensão histórica, "os direitos humanos são frutos de uma conquista alcançada ao longo da existência humana e que, em determinado momento de sua evolução, faz transbordar os lindes das fronteiras dos estados soberanos, para estabelecer regras de cooperação e de solidariedade universais". (JAYME, 2005, p. 9)

Para Alexandre de Moraes (1998, p. 19),

> Os direitos humanos fundamentais, em sua concepção atualmente conhecida, surgiram como produto da fusão de várias fontes, desde tradições arraigadas nas diversas civilizações, até a conjugação dos pensamentos filosófico-jurídicos, das idéias surgidas com o cristianismo e com o direito natural.
>
> Essas idéias encontravam um ponto fundamental em comum, a necessidade de limitação e controle dos abusos de poder do próprio Estado e de suas autoridades constituídas e a consagração dos princípios básicos da igualdade e da legalidade como regentes do Estado moderno e contemporâneo.
>
> Assim, a noção de direitos fundamentais é mais antiga que o surgimento da idéia de constitucionalismo, que tão-somente consagrou a necessidade de insculpir um rol mínimo de direitos humanos em um documento escrito, derivado diretamente da soberana vontade popular.

O reconhecimento dos direitos humanos é resultado de um processo histórico que coincide com a própria formação da sociedade moderna. Daí a noção de continuidade. Os direitos fundamentais evoluíram na direção dos direitos humanos. A relação entre eles é uma relação complementar que se estabeleceu por imperativos político - históricos. A barbárie da II Grande Guerra chamou à consciência os governantes para a necessidade do reconhecimento de direitos humanos universais, não mais restritos à tutela privativa dos estados soberanos, mas garantidos também pela comunidade internacional. (JAYME, 2005, p. 14)

Bobbio (*apud*, JAYME, 2005, p. 12) ensina que os direitos humanos surgiram a partir da evolução e ampliação da noção de direitos fundamentais. Para ele, são quatro as fases percorridas pela humanidade em direção à conquista dos direitos humanos:

1 Constitucionalização dos direitos fundamentais, primeiramente, no Estado liberal, posteriormente, no liberal-democrático. "Desse modo os direitos do homem tornaram-se, de direitos naturais, direitos positivos".

2 Progressiva e continua extensão dos direitos fundamentais, representando, primeiramente, a passagem do Estado liberal para o Estado liberal-democrático, com o incremento dos direitos políticos aos direitos civis, e, posteriormente, a transição para o Estado democrático, quando aos direitos civis e políticos agregaram-se os direitos sociais.

3 Universalização destes direitos, a partir de 1948, com a Declaração Universal dos Direitos do Homem, "vale dizer, a transposição de sua proteção do sistema interno para o sistema internacional".

4 Especificação dos direitos. Trata-se de um fenômeno novo que, nada mais é do que um desenvolvimento consequente da idéia original do indivíduo considerado em todos os seus aspectos como titular de direitos. Pretensões que lhe devem ser reconhecidas, em relação à sociedade.

Em verdade, concordando com Bobbio (2004, p. 2), os direitos do homem, por mais fundamentais que sejam, são direitos históricos, ou seja, nascidos em certas circunstâncias, caracterizadas por lutas em defesa de novas liberdades contra velhos poderes, e nascidos de modo gradual, não todos de uma vez e nem de uma vez por todas.

Os primeiros textos inspiradores dos direitos humanos no mundo ocidental se assentaram do cristianismo ou no direito natural medieval, onde o homem passaria a ser o centro do cosmo e destinatário de um plano maior e não mais um elemento da natureza.

Conforme informa Alexandre de Moraes (1998, p. 24-25),

> A origem dos direitos individuais do homem pode ser apontada no antigo Egito e Mesopotâmia, no terceiro milênio a.C., onde já eram previstos alguns mecanismos para proteção individual em relação ao Estado. O Código de Hammurabi (1690 a.C.) talvez seja a primeira codificação a consagrar um rol de direitos comuns a todos os homens, tais como a vida, a propriedade, a honra, a dignidade, a família, prevendo, igualmente, a supremacia das leis em relação aos governantes. A influência filosófico-religiosa nos direitos do homem pode ser sentida com a propagação das idéias de Buda, basicamente sobre a igualdade de todos os homens (500 a.C). Posteriormente, já de forma mais coordenada, porém com uma concepção ainda muito diversa da atual, surgem na Grécia vários estudos sobre a necessidade da igualdade e liberdade do homem, destacando-se as previsões de participação política dos cidadãos (democracia direta de Péricles); a crença na existência de um direito natural anterior e superior às leis escritas, defendida no pensamento dos sofistas e estóicos (por exemplo, na obra *Antígona* - 441 a.C -, Sófocles defende a existência de normas não escritas e imutáveis, superiores aos direitos escritos pelo homem). Contudo, foi o Direito romano quem estabeleceu um complexo mecanismo de interditos visando tutelar os direitos individuais em relação aos arbítrios estatais. A Lei das doze tábuas pode ser considerada a origem dos textos escritos consagradores da liberdade, da propriedade e da proteção aos direitos do cidadão.

De fato, as doutrinas e concepções filosóficas e religiosas, tiveram enorme relevância no processo de idealização dos direitos do homem. Mas elas próprias são condicionadas por condições materiais. Surgem precisamente para ordená-las numa compreensão lógica e coerente, interpretando-as, para definir lhes as leis a elas imanentes, já que, em tais momentos agudos da evolução social se percebe a superação de situações caducas pelo despontar de algo novo. Pelo que se vê, não há propriamente uma inspiração das declarações de direito. Houve reivindicações e lutas para conquistar os direitos nelas consubstanciados. E quando as circunstâncias materiais da sociedade propiciaram, elas surgiram, conjugando-se, pois, condições objetivas e subjetivas para sua formação, a saber:

1 Condições reais ou históricas (objetivas ou materiais): em relação às declarações do século XVIII, manifestaram-se na contradição entre o regime da monarquia absoluta, estagnadora, petrificada e degenerada, e uma sociedade nova tendente à expansão comercial e cultural.

2 Condições subjetivas ou ideais ou lógicas: consistiram precisamente nas fontes de inspiração filosóficas anotadas pela doutrina francesa.

3 O pensamento cristão, como fonte remota, porque, na verdade, a interpretação do cristianismo que vigorava no século XVIII era favorável ao *estatus quo* vigente, uma vez que o clero apoiava a monarquia absoluta e até oferecia a ideologia que a sustentava com a tese da origem divina do poder; o pensamento cristão vigente, portanto, não favorecia o surgimento de uma declaração de direitos do homem; o cristianismo primitivo continha uma mensagem de libertação do homem, na sua afirmação da dignidade eminente na pessoa humana; há quem afirme que o cristianismo não supôs uma mensagem de liberdade, mas, especialmente, uma aceitação conformista do fato da escravidão humana.

4 A doutrina de direito natural dos séculos XVII e XVIII, de natureza racionalista, fundada assim na natureza racional do homem, faz de ser a este o fundamento do poder político e também do direito positivo em contraposição à "divinização" que sustentava o regime absolutista vigente; doutrina puramente instrumental e lógica, como concepção do mundo, do estado e da sociedade, destinada a substituir e a se opor coerentemente à vigente, com força bastante para sustentar as transformações sociais que as condições materiais impunham; sustentando teses de direitos inatos, encontrou-se base para o reconhecimento de um conjunto de direitos, tido, então, inerentes à pessoa humana.

5 O pensamento iluminista com suas idéias sobre a ordem natural, sua exaltação às liberdades inglesas e suas crenças nos valores individuais do homem acima dos valores sociais, firmando o individualismo que exala dessas primeiras declarações do direito do homem.

Todos esses fatores e circunstâncias continuaram a ser superadas no processo histórico-dialético das condições econômicas que deram nascimento a novas relações objetivas com o desenvolvimento industrial e o aparecimento de um proletariado amplo, subordinado ao domínio da burguesia capitalista.

Essas novas condições materiais da sociedade iriam a fundamentar a luta pelos direitos econômicos e sociais e, concomitantemente, a transformação histórica marcada pela luta contra o absolutismo. Surgiriam, assim, novas doutrinas sociais por meio das quais se postulara a transformação da sociedade no sentido da realização ampla e concreta desses direitos.

Essas novas fontes de inspiração de direitos sociais, econômicos e trabalhistas são conhecidas como: o Manifesto Comunista e as doutrinas marxistas, postulavam liberdade e igualdade materiais num regime socialista; doutrina social da igreja, que teve especialmente o sentido de fundamentar uma ordem mais justa, mas, ainda dentro do regime capitalista evoluindo no entanto, mais recentemente, para uma igreja dos pobres que aceita os postulados sociais marxistas; o intervencionismo estatal reconhece que o estado deve atuar no meio econômico e social a fim de cumprir uma missão protetora das classes menos favorecidas, mediante prestações positivas, o que é ainda manter-se num campo capitalista com sua inerente ideologia de desigualdades, injustiças e até crueldades.

3.2 Evolução dos direitos humanos

As agressões mais antigas feitas contra os direitos humanos, como o conhecemos, tiveram lugar nos primórdios da humanidade. A divisão das sociedades em classes sociais, gerou grandes diferenças entre os homens, a ponto de dividir-se a humanidade em dois grandes polos: os possuidores (senhores) e os despossuídos (escravos).

A concentração da propriedade nas mãos de uns poucos homens, exigiu a sua proteção, por meio da criação de leis e de instituições, entre as quais, se destacou o exército, com o qual se aplicava a força contra todo ato de agressão aos interesses da classe economicamente dominante.

Assim, na sociedade romana, se considerava apenas cidadão o homem livre e possuidor de bens materiais e, como instrumento de trabalho, o homem pobre e escravo.

> Os estrangeiros e escravos estavam excluídos da cidadania, e, além disso, só uma parte dos cidadãos romanos gozava da cidadania ativa. E só o cidadão ativo tinha o direito de ocupar cargos públicos importantes e de participar das decisões políticas, especialmente através do povo. (DALLARI, 1998, p. 14)

Como é sabido por todos, o sistema de exploração escravista, exibiu as mais cruéis violações da condição do ser humano. Em Roma, por exemplo, os escravos foram considerados animais e instrumento de trabalho, sendo objeto de prazer e deleite nos encontros pessoais frente à morte, como no caso dos gladiadores.

Assim, o modelo representativo do direito moderno se baseou no direito romano, no qual o civil (o Direito Romano) se transformou em Direito para o cidadão romano, como contraponto ao das pessoas (Direitos das pessoas), que se constituiu num ordenamento comum para todos os povos de todas as nações, fundando-se em uma razão natural. A partir de então, começaram a acentuar-se as diferenças marcadas pela regulamentação da vida dos homens atrofiada e só modificada com a queda do Império Romano do Ocidente, em 476 d.C., com a conhecida invasão dos bárbaros; porém, desde muito antes, existiram e foram significativas as violações dos direitos humanos, pois a expansão do Império Romano deixou profundas ilhas de terror e de injustiça nos territórios ocupados.

Da mesma forma, a formação socioeconômica feudal manteve, durante muito tempo, em outro nível, a exploração do homem pelo homem, sendo o senhor feudal, o possuidor de todas as riquezas e a quem se rendia tributo por ser o proprietário das terras. Por outro lado, aos servos, só lhes restava a obrigação de retribuir, em espécie, trabalho e dinheiro, o direito de poder trabalhar a terra.

A relação de vassalagem, sendo a coluna central do Sistema Feudal, manteve intactas as diferenças entre os homens, diferenças essas baseadas no domínio da chamada propriedade horizontal (propriedade sobre a terra), por parte dos senhores feudais. Pode-se afirmar que na Idade Média o Estado, sendo um Estado absolutista, marcou, com o predomínio do direito nacional, as desigualdades entre os homens.

Foi, somente, a partir do século XIII, quando formalmente se formula a doutrina dos Direitos naturais, que se prepara as bases para a formulação das teorias sobre o surgimento das nações e o novo Direito.

A transição do Feudalismo para o Capitalismo foi sustentada pela proclamação de vários princípios e idéias. A idéia do homem livre estimulou o desejo das grandes massas de despojar-se das cadeias impostas por esse regime de exploração feudal; e os princípios "liberdade", "igualdade" e "fraternidade", começaram a acelerar a derrubada desse sistema falido.

Quanto a esse período histórico, afirma Alexandre de Moraes (1998, p. 24-25) que,

> a forte concepção religiosa trazida pelo Cristianismo, com a mensagem de igualdade de todos os homens, independentemente de origem, raça, sexo ou

> credo, influenciou diretamente a consagração dos direitos fundamentais, enquanto necessários à dignidade da pessoa humana.
>
> Durante a Idade Média, apesar da organização feudal e da rígida separação de classes, com a consequente relação de subordinação entre o suserano e os vassalos, diversos documentos jurídicos reconheciam a existência de direitos humanos, sempre com o mesmo traço básico: limitação do poder estatal. O forte desenvolvimento das declarações de direitos humanos fundamentais deu-se, porém, a partir do terceiro quarto do século XVIII até meados do século XX.

Tratava-se assim de fundamentar o Direito do homem não como um Direito divino, e sim como uma expressão mais racional do ser humano. Com esse objetivo formularam-se os seguintes princípios quer serviriam de base para a defesa da autonomia da vontade: 1 Só o homem podia obrigar-se e podia obrigar-se a tudo o que queria; 2 Toda obrigação para ser justa devia ser livremente concedida e toda obrigação livremente concedida era justa.

Deste modo, desenvolveram-se as primeiras teorias sobre a chamada liberdade contratual do ser humano, agora, porém, fundamentada como propriedade, com valor fundamental, pelo qual a verdadeira liberdade dependia do exercício deste direito. Esta foi a primeira concepção individualista burguesa com que se apresentou a propriedade e a livre iniciativa econômica, como fatores dominantes para a liberdade, cuja segurança deveria ser garantida pelo poder político.

O reconhecimento dos direitos fundamentais do homem caracterizou-se como a conquista de algo que em termos primitivos se perdeu, quando a sociedade se dividira entre proprietários e não proprietários. Com o passar dos tempos e a cada etapa da evolução histórica, o homem foi ampliando a conquista de novos direitos. No correr dessa evolução, alguns antecedentes formais das declarações de direitos foram sendo elaborados. O mais famoso desses documentos é *Magna Carta* inglesa (1215 - 1225), posteriormente o *Mayflower Compact* (1620) e vários documentos elaborados nas Colônias Inglesas na América.

De acordo com Jorge Miranda (*apud*, MORAES, 1998, p. 25)[1], os mais importantes antecedentes históricos das declarações de direitos humanos fundamentais encontram-se, primeiramente, na Inglaterra, onde podemos citar a Magna Charta

---

[1] Veja-se MIRANDA, Jorge. Textos históricos do direito constitucional. 2. ed. Lisboa: Casa da Moeda, 1990, p.13, nos informa que foi confirmada seis vezes por Henrique III, três vezes por Eduardo I, catorze vezes por Eduardo III, seis vezes por Ricardo II, seis vezes por Henrique IV, uma vez por Henrique V e uma vez por Henrique VI), a Petition of Right, de 1628, o Habeas Corpus Act, de 1679, o Bill of Rights, de 1689, e o Act of Seattlemente, de 12-6-1701.

Libertatum, outorgada por João Sem-Terra em 15 de junho de 1215. Conforme o citado autor, a Magna Charta Libertatum, de 15-6-1215, entre outras garantias, previa: a liberdade da Igreja da Inglaterra, restrições tributárias, proporcionalidade entre delito e sanção (A multa a pagar por um homem livre, pela prática de um pequeno delito, será proporcional à gravidade do delito; e pela prática de um crime será proporcional ao horror deste, sem prejuízo do necessário à subsistência e posição do infrator - item 20); previsão do devido processo legal (Nenhum homem livre será detido ou sujeito a prisão, ou privado dos seus bens, ou colocado fora da lei, ou exilado, ou de qualquer modo molestado, e nós não procederemos nem mandaremos proceder contra ele senão mediante um julgamento regular pelos seus pares ou de harmonia com a lei do pais - item 39); livre acesso à Justiça (Não venderemos, nem recusaremos, nem protelaremos o direito de qualquer pessoa a obter justiça - item 40), liberdade de locomoção e livre entrada e saída do país.

No mesmo sentido, citam-se outros antecedentes importantes, a saber:

> A *Petition of Right*, de 1628, previa expressamente que ninguém seria obrigado a contribuir com qualquer dádiva, empréstimo ou benevolência e a pagar qualquer taxa ou imposto, sem o consentimento de todos, manifestado por ato do Parlamento; e que ninguém seria chamado a responder ou prestar juramento, ou a executar algum serviço, ou encarcerado, ou, de qualquer forma, molestado ou inquietado, por causa destes tributos ou da recusa em pagá-los. Previa, ainda, que nenhum homem livre ficasse sob prisão ou detido ilegalmente.
>
> O *Habeas Corpus* Act, de 1679, regulamentou esse instituto que, porém, já existia na *common law*. A lei previa que por meio de reclamação ou requerimento escrito dc algum indivíduo ou a favor de algum indivíduo detido ou acusado da prática de um crime (exceto se se tratar de traição ou felonia, assim declarada no mandado respectivo, ou de cumplicidade ou de suspeita de cumplicidade, no passado, em qualquer traição ou felonia, também declarada no mandado, e salvo o caso de formação de culpa ou incriminação em processo legal), o lorde-chanceler ou, em tempo de férias, algum juiz dos tribunais superiores, depois de terem visto cópia do mandado ou o certificado de que a cópia foi recusada, poderiam conceder providência de habeas corpus (exceto se o próprio indivíduo tivesse negligenciado, por dois períodos, em pedir a sua libertação) em benefício do preso, a qual será imediatamente executada perante o mesmo lorde-chanceler ou o juiz; e, se afiançável, o indivíduo seria solto, durante a execução da providência, comprometendo-se a comparecer e a responder à acusação no tribunal competente. Além de outras previsões complementares, o *Habeas Corpus Act* previa multa de 500 libras àquele que voltasse a prender, pelo mesmo fato, o indivíduo que tivesse obtido a ordem de soltura.
>
> A *Bill of Rights*, de 1689, decorrente da abdicação do rei Jaime II e outorgada pelo Príncipe de Orange, no dia 13 de fevereiro, significou enorme restrição ao poder estatal, prevendo, dentre outras regulamentações: fortalecimento ao princípio da legalidade, ao impedir que o rei pudesse suspender leis ou a execução das leis sem o consentimento do Parlamento; criação do direito de petição; liberdade de eleição dos membros do Parlamento; imunidades

> parlamentares; vedação à aplicação de penas cruéis; convocação frequente do Parlamento. Saliente-se, porém, que apesar do avanço em termos de declaração de direitos, o *Bill of Rights* expressamente negava a liberdade e igualdade religiosa, ao prever em seu item IX que, considerando que a experiência tem demonstrado que é incompatível com a segurança e bem-estar deste reino protestante ser governado por um príncipe papista ou por um rei ou rainha casada com um papista, os lordes espirituais e temporais e os comuns pedem, além disso, que fique estabelecido que quaisquer pessoas que participem ou comunguem da *Sé e Igreja de Roma* ou professem a religião papista ou venha a casar com um papista sejam excluídos e se tornem para sempre incapazes de herdar, possuir ou ocupar o trono deste reino, da Irlanda e seus domínios ou de qualquer parte do mesmo ou exercer qualquer poder, autoridade ou jurisdição régia; e, se tal se verificar, mais reclamam que o povo destes reinos fique desligado do dever de obediência e que o trono passe para a pessoa ou as pessoas de religião protestante que o herdariam e ocupariam em caso de morte da pessoa ou das pessoas dadas por incapazes.
>
> O *Act of Seattlemente*, de 12-6-1701, basicamente, configurou-se em um ato normativo reafirmador do princípio da legalidade (item IV - E considerando que as leis de Inglaterra constituem direitos naturais do seu povo e que todos os reis e rainhas que subirem ao trono deste reino deverão governá-lo, em obediência às ditas leis, e que todos os seus oficiais e ministros deverão servi-los também de acordo com as mesmas leis...) e da responsabilização política dos agentes públicos, prevendo-se a possibilidade. Inclusive, de *impeachment* de magistrados.
>
> Posteriormente, e com idêntica importância, na evolução dos direitos humanos encontramos a participação da Revolução dos Estados Unidos da América, onde podemos citar os históricos documentos: Declaração de Direitos de Virgínia, de 16-6-1776; Declaração de Independência dos Estados Unidos da América, 4-7-1776; Constituição dos Estados Unidos da América, de 17-9-1787. (MORAES, 1998, p. 26-27)

As lutas de classes, geradas pelas desigualdades sociais, exigiam novas e rápidas transformações no campo da Política e no Direito, derivando-se delas importantes conquistas geradas por atos significativos, como: a "Declaração de Virgínia", de 12 de junho de 1776, a "Declaração dos Direitos do Homem e do Cidadão" da Assembléia Nacional francesa, de 1789.

Na Declaração de Direitos de Virgínia, a Seção I, ensina Alexandre de Moraes (1998, p. 27-28) já se proclama o direito à vida, à liberdade e à propriedade. Igualmente, outros direitos humanos fundamentais foram expressamente previstos, tais quais, o princípio da legalidade, o devido processo legal, o Tribunal de Júri, o princípio do juiz natural e imparcial, a liberdade de imprensa e a liberdade religiosa (Só a razão e a convicção, não a força ou a violência, podem prescrever a religião e as obrigações para com o Criador e a forma de as cumprir; e, por conseguinte, todos os homens têm igualmente direito ao livre culto da religião, de acordo com os ditames da sua consciência - Seção XVI). Também a Declaração de Independência dos Estados Unidos da América, documento de inigualável valor histórico e produzido basicamente por

Thomas Jefferson, teve como tônica preponderante a limitação do poder estatal, como se percebe por algumas passagens: A história do atual Rei da Grã-Bretanha compõe-se de repetidos danos e usurpações, tendo todos por objetivo direto o estabelecimento da tirania absoluta sobre estes Estados. Para prová-lo, permitam-nos submeter os fatos a um cândido mundo: recusou assentimento a leis das mais salutares e necessárias ao bem público. Dissolveu Casas de Representantes repetidamente porque se opunham com máscula firmeza às invasões dos direitos do povo. Dificultou a administração da justiça pela recusa de assentimento a leis que estabeleciam poderes judiciários. Tornou os juízes dependentes apenas da vontade dele para gozo do cargo e valor e pagamento dos respectivos salários. Tentou tornar o militar independente do poder civil e a ele superior.

Igualmente, continua Moraes (1998, p. 28), a Constituição dos Estados Unidos da América e suas dez primeiras emendas, aprovadas em 25-9-1789 e ratificadas em 15-12-1791, pretenderam limitar o poder estatal estabelecendo a separação dos poderes estatais e diversos direitos humanos fundamentais: liberdade religiosa; inviolabilidade de domicílio; devido processo legal; julgamento pelo Tribunal do Júri; ampla defesa; impossibilidade de aplicação de penas cruéis ou aberrantes. A consagração normativa dos direitos humanos fundamentais, porém, coube à França, quando, em 26-8-1789, a Assembléia Nacional promulgou a Declaração dos Direitos do Homem e do Cidadão, com 17 artigos. Dentre as inúmeras e importantíssimas previsões, podemos destacar os seguintes direitos humanos fundamentais: princípio da igualdade, liberdade, propriedade, segurança, resistência à opressão, associação política, princípio da legalidade, princípio da reserva legal e anterioridade em matéria penal, princípio da presunção de inocência; liberdade religiosa, livre manifestação de pensamento. A Constituição francesa de 3-9-1791 trouxe novas formas de controle do poder estatal, porém coube à Constituição francesa de 24-6-1793 uma melhor regulamentação dos direitos humanos fundamentais, cujo preâmbulo assim se manifestava:

> O povo francês, convencido de que o esquecimento e o desprezo dos direitos naturais do homem são as causas das desgraças do mundo, resolveu expor, numa declaração solene, esses direitos sagrados e inalienáveis, a fim de que todos os cidadãos, podendo comparar sem cessar os atos do governo com a finalidade de toda a instituição social, nunca se deixem oprimir ou aviltar pela tirania; a fim de que o povo tenha sempre perante os olhos as bases da sua liberdade e da sua felicidade, o magistrado a regra dos seus deveres, o legislador o objeto da sua missão. Por consequência, proclama, na presença do Ser Supremo, a seguinte declaração dos direitos do homem e do cidadão.

Esta Constituição francesa (de 24-6-1793), dentre outras previsões, consagrava os seguintes direitos humanos e fundamentais: igualdade, liberdade, segurança, propriedade, legalidade, livre acesso aos cargos públicos, livre manifestação de pensamento, liberdade de imprensa, presunção de inocência, devido processo legal, ampla defesa, proporcionalidade entre delitos e penas, liberdade de profissão, direito de petição, direitos políticos.

O reconhecimento formal dos direitos humanos fundamentais continuou durante o constitucionalismo liberal do século XIX, citam-se como exemplos:

> A Constituição espanhola de 19-3-1812 (Constituição de Cádis), a Constituição portuguesa de 23-9-1822, a Constituição belga de 7-2-1831 e a Declaração francesa de 1848.
>
> A Constituição de Cádis previa, em seu Capítulo III, o princípio da legalidade, e, em seu art. 172, as restrições aos poderes do rei, consagrando dentre outros direitos humanos fundamentais: princípio do juiz natural, impossibilidade de tributos arbitrários, direito de propriedade, desapropriação mediante justa indenização, liberdade. Não obstante essas garantias, inexistia a liberdade religiosa, pois em seu art. 12 a citada Constituição estabelecia: A religião da Nação Espanhola é e será perpetuamente a católica apostólica romana, única verdadeira. A Nação protege-a com leis sábias e justas e proíbe o exercício de qualquer outra.
>
> A Constituição portuguesa de 1822, grande marco de proclamação de direitos individuais, estabelecia já em seu Título I, Capítulo único, os direitos individuais dos portugueses, consagrando, dentre outros, os seguintes direitos: igualdade, liberdade, segurança, propriedade, desapropriação somente mediante prévia e justa indenização, inviolabilidade de domicilio, livre comunicação de pensamentos, liberdade de imprensa, proporcionalidade entre delito e pena, reserva legal, proibição de penas cruéis ou infamantes, livre acesso aos cargos públicos, inviolabilidade da comunicação de correspondência.
>
> Anote-se que a liberdade de imprensa era muito relativizada à época, como demonstra o art. 8º da citada Constituição portuguesa, que previa a possibilidade de censura dos escritos publicados sobre dogma e moral, a ser realizada pelos bispos.
>
> A Constituição belga de 7-2-1831 também reservou um título autônomo para a consagração dos direitos dos belgas (Título II, arts. 4ó a 24) que, além da consagração dos já tradicionais direitos individuais previstos na Constituição portuguesa, estabelecia a liberdade de culto religiosa (arts. 14 e 15), direito de reunião e associação.
>
> A Declaração de Direitos da Constituição francesa de 4-11-1848 esboçou uma ampliação em termos de direitos humanos fundamentais que seria, posteriormente, definitiva a partir dos diplomas constitucionais do século XX. Assim, além dos tradicionais direitos humanos, em seu art. 13 previa como direitos dos cidadãos garantidos pela Constituição a liberdade do trabalho e da indústria, a assistência aos desempregados, às crianças abandonadas, aos enfermos e aos velhos sem recursos, cujas famílias não pudessem socorrer. (MORAES, 1998, p. 29)

Igualmente, ensina Moraes (1998, p. 29-30), o início do século XX trouxe diplomas constitucionais fortemente marcados pelas preocupações sociais, como se percebe por seus principais textos: Constituição mexicana de 31-1-1917, Constituição de Weimar de 11-8-1919, Declaração Soviética dos Direitos do Povo Trabalhador e Explorado de 17-1-1918, seguida pela primeira Constituição Soviética (Lei Fundamental) de 10-7-1918 e Carta do Trabalho, editada pelo Estado Fascista italiano em 21-4-1927. A Constituição mexicana de 1917 passou a garantir direitos individuais com fortes tendências sociais, como, por exemplo, direitos trabalhistas, efetivação da educação (art. 3º, VI e VII - a educação primária será obrigatória; toda a educação ministrada pelo Estado será gratuita). A Constituição de Weimar previa em sua Parte II os Direitos e Deveres fundamentais dos alemães. Os tradicionais direitos e garantias individuais eram previstos na Seção I, enquanto a Seção II trazia os direitos relacionados à vida social, a Seção III os direitos relacionados à religião e às Igrejas, a Seção IV os direitos relacionados à educação e ensino e a Seção V os direitos referentes à vida econômica. Além dos direitos sociais expressamente previstos, a Constituição de Weimar demonstrava forte espírito de defesa dos direitos sociais, ao proclamar que o império procuraria obter uma regulamentação internacional da situação jurídica dos trabalhadores que assegurasse ao conjunto da classe operária da humanidade um mínimo de direitos sociais e que os operários e empregados seriam chamados a colaborar, em pé de igualdade, com os patrões na regulamentação dos salários e das condições de trabalho, bem como no desenvolvimento das forças produtivas.

Contudo, a evolução histórica da proteção dos direitos humanos, no plano internacional inicia-se com importantes declarações que, de fato não tem um caráter vinculativo, pois são meros documentos que assumiram a forma de tratados internacionais, no intuito de obrigarem os países signatários ao cumprimento de suas normas. (MORAES, 1998, p. 36)

Assim, por exemplo, no plano internacional, a consolidação dos Direitos Humanos ganhou repercussão por meio dos seguintes documentos:

1 Declaração Universal dos Direitos do Homem, que foi elaborada tendo como base a Carta das Nações Unidas, que criou a Comissão dos Direitos Humanos, em 10 de dezembro de 1948 (Assembléia Geral da ONU, em Paris).

2 Declaração Americana dos Direitos e Deveres do Homem, aprovada na IX Conferência Internacional Interamericana de Bogotá (1948).

3 Convenção Americana de Direitos Humanos (Pacto de San José), aprovada na Conferência Interamericana sobre Direitos Humanos, em San José da Costa Rica, em novembro de 1969.

4 Declaração Universal dos Direitos dos Povos (Argel, 1977), pelos dirigentes do Movimento de Libertação Nacional e dos Estados.

A Declaração Universal dos Direitos do Homem, assinada em Paris em 10 de dezembro de 1948, constitui a mais importante avanço nos direitos humanos.

> Elaborada a partir da previsão da Carta da ONU de 1944, que em seu artigo 55 estabeleceu a necessidade dos Estados-partes promoverem a proteção dos direitos humanos, e da composição, por parte da Organização das Nações Unidas, de uma Comissão dos Direitos Humanos, presidida por Eleonora Roosevelt, a Declaração Universal dos Direitos do Homem afirmou que o reconhecimento da dignidade humana inerente a todos os membros da família humana e de seus direitos iguais e inalienáveis é o fundamento da liberdade, da justiça e da paz no mundo, bem como que o desprezo e o desrespeito pelos direitos da pessoa resultaram em atos bárbaros que ultrajaram a consciência da Humanidade e que o advento de um mundo em que as pessoas gozem de liberdade de palavra, de crença e de liberdade de viverem a salvo do temor e da necessidade tem sido a mais alta aspiração do homem comum. A Declaração Universal dos Direitos Humanos adotada e proclamada pela Resolução n. 217 A (III) da Assembléia Geral das Nações Unidas, em 10-12-1948, reafirmou a crença dos povos das Nações Unidas nos direitos humanos fundamentais, na dignidade e no valor da pessoa humana e na igualdade de direitos do homem e da mulher, visando à promoção do progresso social e à melhoria das condições de vida em uma ampla liberdade.
>
> Os 30 artigos da Declaração consagraram, basicamente, os princípios da igualdade e dignidade humanas; a vedação absoluta à discriminação de qualquer espécie, seja em razão de raça, sexo, língua, religião, opinião política ou de outra natureza, origem nacional ou social, riqueza, nascimento ou qualquer outra condição; o direito à vida, à liberdade, à segurança pessoal; a expressa proibição à escravidão, ao tráfico de escravos ou servidão; a proibição à tortura, ao tratamento ou castigo cruel, desumano ou degradante; o princípio do juiz natural; o acesso ao Judiciário; a vedação às prisões, detenções e exílios arbitrários; os princípios da presunção de inocência, do devido processo legal, do contraditório e da ampla defesa; o princípio da reserva legal; a inviolabilidade à honra, à imagem e à vida privada; a liberdade de locomoção; o asilo político; o direito à nacionalidade; o direito de propriedade; a liberdade de pensamento, consciência, opinião, expressão e religião; o direito de reunião, de associação e de sindicalização; os direitos políticos; o direito ao trabalho e à livre escolha de profissão, com a consequente justa remuneração que lhe assegure, assim como à sua família, uma existência compatível com a dignidade humana; o direito ao repouso e ao lazer; direito à instrução e à vida cultural.
>
> Prevê-se, ainda, que toda pessoa tem direito a um padrão de vida capaz de assegurar a si e a sua família saúde e bem-estar, inclusive alimentação, vestuário, habitação, cuidados médicos e os serviços sociais indispensáveis, o direito à segurança, em caso de desemprego, doença, invalidez, viuvez, velhice ou outros casos de perda dos meios de subsistência em circunstâncias

> fora de seu controle [...]. (MORAES, 1998, p. 36-37)

Atualmente a questão dos direitos humanos continua a ser objeto nos diferentes discursos e documentos políticos, realçando-se os direitos fundamentais ou essenciais ao ser humano e os direitos sociais e coletivos, finalmente incorporados nas Constituições dos diferentes Estados e Nações, na forma de direitos humanos em espécies, objetivando-se, assim, a satisfação das necessidades primárias, individuais e coletivas dos cidadãos.

Alexandre de Moraes (1998, p. 38) lembra que o Brasil assinou a Declaração Universal dos Direitos Humanos na própria data de sua adoção e proclamação,10-12-1948. Ressalta, ainda, que anteriormente à Declaração Universal dos Direitos do Homem, nesse mesmo ano, em abril de 1948, a IX Conferência Internacional Americana, realizada em Bogotá, havia aprovado a Resolução XXX, consagrando a Declaração Americana dos Direitos e Deveres do Homem, que com seus 38 artigos trazia previsões muito semelhantes às já citadas. A partir disso, a proteção internacional dos Direitos Humanos passou a intensificar-se, com a aprovação de inúmeras declarações e tratados internacionais. Em 9-12-1948, a Assembléia Geral das Nações Unidas aprovou a Resolução n. 260 A (III), ratificando a Convenção para a prevenção e a repressão do crime de genocídio; em 28-7-1951, foi adotada a Convenção relativa ao Estatuto dos refugiados, aprovada pela Resolução n. 429 (V) da Assembléia Geral das Nações Unidas. Novamente e com a finalidade de proteção dos "refugiados" foi aprovado o Protocolo sobre o Estatuto dos Refugiados, em 16-12-1966, pela Resolução n. 2.198 da Assembléia Geral das Nações Unidas. Conforme explica o citado autor,

> Nessa mesma data, foi adotado pela Resolução n. 2.200-A (XXI) da Assembléia Geral das Nações Unidas importante documento internacional garantidor de direitos fundamentais, denominado "Pacto Internacional dos Direitos Civis e Políticos", onde foram previstos diversos direitos, tais como a autodeterminação dos povos, no sentido de livremente determinarem seu estatuto político e assegurarem livremente seu desenvolvimento econômico, social e cultural; o direito à vida; a proibição da tortura; a possibilidade do condenado à morte ter o direito de pedir indulto ou comutação da pena; a escusa de consciência; direito à liberdade; acesso ao Judiciário; excepcionalidade das prisões preventivas; indenização por erro judiciário; direito ao respeito e dignidade humana; bem como os demais direitos já consagrados na Declaração Universal dos Direitos do Homem.
>
> O Brasil também é signatário da Declaração do Direito ao Desenvolvimento, de 4-12-1986; Declaração e Programa de Ação de Viena, de 25-6-1993; Declaração de Pequim adotada pela quarta conferência mundial sobre as mulheres, de 15-9-1995.

> O rol dos Tratados Internacionais de Proteção aos Direitos Humanos assinados pela República Federativa do Brasil é completado pelos seguintes documentos: Pacto Internacional dos Direitos Econômicos, Sociais e Culturais, de 16-12-1966; Convenção sobre a Eliminação de todas as Formas de Discriminação Racial, de 21-12-1965; Convenção Americana sobre Direitos Humanos - Pacto de San José da Costa Rica, de 22-11-1969; Convenção sobre a Eliminação de todas as Formas de Discriminação contra a Mulher, de 18-12-1979; Convenção contra a Tortura e outros Tratamentos ou Penas Cruéis, Desumanas ou Degradantes, de 10-12-1984; Convenção Interamericana para Prevenir e Punir a Tortura, de 9-12-1985; Convenção sobre os Direitos da Criança, de 20-11-1989; Convenção Interamericana para Prevenir, Punir e Erradicar a Violência contra a Mulher, de 6-6-1994, e ratificada pelo Brasil em 27-11-1995.

Ressalta-se, ainda, que algumas previsões da Convenção Americana de Direitos Humanos - Pacto de San José da Costa Rica, de 22-11-1969, que reafirmaram o propósito dos Estados Americanos em consolidar no Continente, dentro do quadro das instituições democráticas, um regime de liberdade pessoal e de justiça social, fundado no respeito dos direitos humanos essenciais. Desta forma, diferentemente da Declaração Universal dos Direitos do Homem, o Pacto de San José da Costa Rica não traz somente normas de caráter material, prevendo órgãos competentes para conhecer dos assuntos relacionados com o cumprimento dos compromissos assumidos pelos Estados-partes. Esses órgãos são a Comissão Interamericana de Direitos Humanos e a Corte Interamericana de Direitos Humanos. (MORAES, 1998, p. 39)

Em suma, todos os direitos consagrados nesses documentos internacionais são, de fato, a expressão dos valores superiores, últimos e finais das sociedades, por meio dos quais se pretende estabelecer a justiça social.

3.3 Atualidade dos direitos humanos

Nas sociedades contemporâneas a proteção aos direitos do homem tem reconhecimento internacional e nacional. O exemplo mais emblemático, como explicado, foi a Declaração Universal dos Direitos Humanos, aprovada pela ONU, em 10 de dezembro de 1948, considerada a base ou o ponto de partida de todo o desenvolvimento posterior dos direitos humanos.

Outro antecedente importante foi o Pacto Internacional, relativo aos Direitos Econômicos, Sociais e Culturais, aprovado pelas Nações Unidas, em 16 de dezembro de 1966, mera expressão dos princípios pragmáticos da Declaração Universal. Já, no Pacto Internacional dos Direitos civis e políticos (3 de janeiro de 1976), reconheceram-se como direitos humanos:

a) a não discriminação social pela cor, raça, idioma, religião, opinião política, nacionalidade, origem social, posição econômica etc.;

b) a igualdade entre o homem e a mulher;

c) direito a melhores condições de trabalho e à remuneração justa;

d) direito à organização sindical e à greve;

e) direito à segurança social e a seguridade social.

Por fim, esses direitos, ainda estão por serem concretizados plenamente, apesar de terem sido consagrados e defendidos internacionalmente. Todavia, a doutrina acompanha o elenco desses direitos humanos e fundamentais ao afirmar que:

> Todas as pessoas nascem essencialmente iguais e, portanto, com direitos iguais. Mas ao mesmo tempo que nascem iguais todas as pessoas nascem livres. Essa liberdade está dentro dela, em sua inteligência e consciência [...]. Todas as pessoas nascem com os mesmos direitos fundamentais. Não importa se a pessoa é homem ou mulher, não importa onde a pessoa nasceu nem a cor da sua pele, não importa se a pessoa é rica ou pobre, como também não são importantes os nomes de família, a profissão, a preferência política ou a crença religiosa. Os direitos humanos fundamentais são os mesmos para todos os seres humanos. E esses direitos continuam existindo mesmo para aqueles que comentem crimes ou praticam atos que prejudicam as pessoas ou a sociedade. Nesses casos, aquele que praticou o ato contrário ao bem da humanidade deve sofrer a punição prevista numa lei já existente, mas sem esquecer que o criminoso ou quem praticou um ato antissocial continua a ser uma pessoa humana. (DALLARI, 1998, p. 8-9)

Sem dúvida, a identificação dos conteúdos dos direitos humanos e fundamentais é de fácil constatação: basta cotejar o art. 5º da Constituição da República com os Tratados Internacionais de Direitos Humanos, uma vez que a Constituição de 1988 consagrou um extenso rol de direitos fundamentais coincidentes com os constantes nesses tratados, algumas vezes, de forma até mais abrangente, como, por exemplo, a vedação absoluta à censura prévia. Isso faz com que a conexão entre direitos fundamentais e direitos humanos se torne incontestável, mas admiti-los com o mesmo significado é um equívoco a ser corrigido. Pode-se afirmar "a precedência histórica dos direitos fundamentais em relação aos direitos humanos, pois as questões relacionadas à dignidade humana primeiramente foram tratadas como assunto de soberania nacional, não sujeitas à ingerência internacional, para, em momento posterior, serem proclamadas em caráter universal". (JAYME, 2005, p. 3, 13)

As declarações de direitos assumiram, inicialmente, a forma de proclamações solenes em que se enunciam os direitos. Depois passaram a constituir o preâmbulo das constituições, especialmente na França. Atualmente, ainda que nos documentos internacionais assumam as formas das primeiras declarações, nos ordenamentos nacionais integram as Constituições, adquirindo o caráter concreto de normas jurídicas positivas constitucionais, por isso, subjetivando-se em direito particular de cada povo, configuram declarações constitucionais de direito, o que tem consequência jurídica relevante.

Contudo, a ampliação e transformação dos direitos fundamentais do homem dificulta definir-lhes em conceito sintético e preciso. Aumenta essa dificuldade a circunstância de se empregaram várias expressões para designá-los, tais como: direitos naturais, direitos humanos, direitos do homem, direitos individuais, direitos públicos subjetivos, entre outros.

Direitos naturais: trata-se de direitos inerentes à natureza do homem; direitos inatos que cabem ao homem só pelo fato de ser homem. Não se aceita mais com tanta facilidade a tese de que tais direitos sejam naturais, provenientes da razão humana ou da natureza das coisas. Direitos positivos, encontram seu fundamento e conteúdo nas relações sociais e materiais em cada momento histórico. Repele, a tese de que nascem pura e simplesmente da montagem do Estado, para situá-los no terreno político da soberania popular que lhes confere o sentido apropriado na dialética do processo produtivo.

Direitos humanos é a expressão preferida dos documentos internacionais. Contra ela, objeta-se que não há direito que não seja humano ou do homem, afirmando-se que só o ser humano pode ser titular de direitos. Talvez já não mais assim, porque aos poucos, se vai formando um direito especial de proteção dos animais.

Direitos individuais são os direitos do indivíduo isolado. Assemelha-se ao individualismo que fundamentou o aparecimento das declarações do século XVIII. A doutrina tende a desprezar cada vez mais essa terminologia. Contudo, é ainda empregada para denotar o grupo dos direitos fundamentais, correspondente ao que se tem denominado direitos civis ou liberdades civis. É usado na Constituição para exprimir o conjunto dos direitos fundamentais concernentes à vida, à igualdade, à liberdade, à segurança e à propriedade.

Direitos públicos subjetivos constituem um conceito técnico e jurídico do Estado liberal, preso, como a expressão "direitos individuais" à concepção individualista do homem; por isso, também se tornara insuficiente para caracterizar os direitos fundamentais. Direito subjetivo são prerrogativas estabelecidas de conformidade com regras de direito objetivo. Nesse sentido, seu exercício, ou não, depende da simples vontade do titular, que deles pode dispor como melhor lhe parecer, até mesmo renunciá-los ou transferi-los, além de serem prescritíveis, situações essas incompatíveis com os direitos do homem. A expressão direito público subjetivo exprime a situação jurídica subjetiva do sujeito em relação ao Estado, visando colocar os direitos fundamentais no campo do direito positivo. Entendida como autolimitação estatal em benefício de determinadas esferas privadas, tal categoria acha-se superada pela própria dinâmica econômico-social de nosso tempo, em que o desfrute de qualquer direito fundamental exige atuação ativa dos poderes públicos. Pois, tudo aquilo que, para a ideologia liberal, aparecia como direitos públicos subjetivos, ou como esferas de atividade privada contraposta à atividade pública, ou como liberdades limitadoras do poder, passa a ser considerado.

Modernamente, todas as declarações de direitos humanos assumiram a forma de proclamações solenes em que se enunciavam os direitos. Posteriormente, passaram a constituir o preâmbulo das constituições e, atualmente, embora na forma se pareçam com as primeiras declarações, integram as constituições, assumem o caráter de normas jurídicas positivas constitucionais, adquirindo relevância jurídica prática, já que configuram declarações constitucionais de direito

4
EPISTEMOLOGIA DOS DIREITOS HUMANOS

No presente capítulo nos ocupamos de um tema pouco comum, porém não menos importantes que trata dos alicerces e da lógica dos direitos humanos, teoria emanada da própria análise conceitual, evolutiva e prescritiva desses direitos nas doutrinas e legislações internacionais e nacionais vigorantes. Contudo, a seguir, cuidaremos das bases epistemológicas: seus fundamentos ou alicerces e da lógica dos direitos humanos e fundamentais, para além da conhecida e muitas vezes criticada teoria das gerações ou dimensões.

4.1 Fundamentos dos direitos humanos

Uma questão importante da epistemologia dos direitos humanos é aquela que trata dos seus fundamentos. A seguir, discutiremos, pois, esses alicerces, a saber, ou fundamentos sociológicos, valorativos e normativos dos direitos humanos e o perigo que implica a menção indiscriminada desses alicerces quando se pretende justificar uma postura, conduta, fato histórico ou decisão passível também de ser qualificada (considerada) de injusta.

4.1.1 Fundamento sociológico dos direitos humanos

Os direitos humanos e fundamentais têm uma razão social, eles são realmente um conjunto de direitos "socializantes", isto é, *instrumentais (ou funcional)*, por meio dos quais se objetiva a convivência social. Assim, podemos dizer que os direitos humanos e fundamentais têm como finalidade o reconhecimento das condições necessárias à realização social do homem.

No caso dos Direitos Humanos e Fundamentais, afirma Robert Alexy (2011, p. 31), é possível formular teorias das mais variadas espécies, a saber, *teorias históricas*, que explicam o desenvolvimento dos direitos fundamentais, *teorias filosóficas*, que se emprenham em esclarecer seus fundamentos, e *teorias sociológicas*, sobre a função dos direitos fundamentais no sistema social.

A respeito disso, a primeira observação que devemos destacar é de que tais teorias e direitos têm como referente imediato a sociedade: isto quer dizer que eles têm como função e finalidade permitir a inclusão social, isto é, inserir o ser humano na sociedade: são instrumentos de socialização.

Mui facilmente podemos concluir que a os direitos humanos e fundamentais têm em seu bojo a cooperação e a paz social. Eis aí o seu fundamento sociológico que os coloca como um instrumento necessário à convivência: a cooperação, a paz e a coexistência humana.

E, sem dúvida, "todo homem é um ser social e, portanto, sente a necessidade de viver em sociedade" (WILLIAMS, 2005, p. 33)[2]. Concordamos, assim, com a ideia de que só realizamos plenamente nossa essência, como seres humanos, se vivermos em sociedade.

O nosso esforço deve-se concentrar na promoção de experiências, instituições e outras realidades culturais e naturais da vida em comum, em vez de se concentrar nos indicadores de bem-estar, que tendem a deformar a convivência humana, transformando-a na rivalidade e na competitividade individual. (BAUMAN, 2013, p. 88)

Não somente a sua normatização, mas também a sua concretização irá contribuir para a diminuição da violência, da desigualdade, a improbidade, sendo, logo, um passo importante para a inclusão, a cidadania e a justiça social.

Evidentemente, as teorias que justifica os alicerces sociológicos dos direitos humanos se desenvolvem com o intuito de indicar os alicerces sociais, conjunto de necessidades que justificam tais direitos.

A abordagem histórico-sociológica dos direitos humanos e fundamentais constitui uma classe de variável de direitos que se desenvolve de forma cronológica. Podemos dizer, então que tais direitos não surgiram subitamente, eles se modificam, e continuam a se modificar com as mudanças das condições históricas, com o surgimento

---

[2] Sociedade: unidade cultural, em parte identificada por seus valores. Uma dada prática ou crença está muito mais ligada à estrutura de uma sociedade do que pode parecer à primeira vista.

de novos interesses e necessidades e o uso de novas técnicas derivadas do desenvolvimento científico e tecnológico.

Assim, os direitos que foram declarados absolutos no final do século XVIII, como a "propriedade", foram submetidos a radicais limitações nas declarações contemporâneas; direitos que as declarações do século XVIII nem sequer mencionavam, como os direitos sociais, são agora proclamados com grande ostentação nas recentes declarações. Não é difícil prever que, no futuro, poderão emergir novas pretensões que no momento nem sequer podemos imaginar, como o direito a não portar armas contra a própria vontade, ou o direito de respeitar a vida também dos animais e não só dos homens. O que prova quc não existem direitos fundamentais por natureza, pois o que parece fundamental numa época histórica e numa determinada civilização não é fundamental em outras épocas e em outras culturas. (BOBBIO, 2004, p. 18)

As primeiras referências das declarações de direito foram inspiradas na ideia de homem abstrato, fortalecida pelo cristianismo. As doutrinas e concepções sociológicas subsequentes tiveram enorme relevância nesse processo. Tais referências, geralmente, fundadas nas necessidades sociais, a saber, a exploração, a pobreza, e a divisão da sociedade em classes, serviriam precisamente para ordenar uma compreensão lógica e coerente acerca dos direitos humanos. Não é demais, no entanto, afirmar que não há propriamente uma única inspiração das declarações de direito. Eles foram derivados das contínuas lutas pelos direitos à liberdade, à vida, ao trabalho, à saúde etc., travadas no seio de uma sociedade em conflito, e marcadas pelas contradições visíveis entre o regime feudal e o nascente capitalismo incipiente.

A dinâmica social e econômica deu lugar ao nascimento a novas necessidades e conflitos derivados das novas relações socioeconômicas e jurídicas nascidas com o desenvolvimento industrial e do conflito entre a classe proletária e a camada capitalista.

A Economia Política nos ensina que existiu e, ainda existe a uma nova perspectiva inspirada nos Direitos Humanos e Fundamentais, a saber: as doutrinas de Karl Heinrich Marx[3] (especificamente o Manifesto Comunista), Friedrich Engel[4] e Lenin[5] que abririam um espaço para a discussão e teorização da inversão do valor dos direitos individuais em face dos coletivos.

[3] Karl Heinrich Marx (1818 - 1883). Intelectual alemão, fundador da doutrina comunista: professor, economista, filósofo, historiador, e teórico político.
[4] Friedrich Engels (1820 - 1895). Intelectual teórico revolucionário alemão, fundador do socialismo científico ou marxismo.
[5] Vladimir Ilitch Lenin ou Lenine (1870 - 1924). Intelectual revolucionário e executor da Revolução Russa de 1917.

É preciso lembrar que, com base na obra desses pensadores, consagrou-se a ideia da necessária subordinação dos direitos e interesses particulares aos coletivos, no marco de uma sociedade de tipo socialista. A teoria marxista-leninista não ficaria somente no papel, porém serviram de orientação prática na construção das sociedades denominadas de comunistas.

Assim, foram projetadas a vida socioeconômica, política e jurídica de diversos países. Esse projeto, como se sabe, acabou não dando certo, pois, por causa de um excessivo intervencionismo estatal, as liberdades e as potencialidades individuais foram castradas e condicionadas a uma nova ordem econômica, política e jurídica onde os Estado atuou e, ainda atua, como sujeito dominador e predominante.

4.1.2 Fundamento valorativo dos direitos humanos

Examinemos, agora o fundamento valorativo dos direitos humanos e fundamentais.

Sobre isso farei a seguinte reflexão: devemos admitir que a procura pelo fundamento absoluto e racional dos direitos humanos e fundamentais, acabou enveredando seu excessivo reducionismo valorativo.

Não devemos esquecer, afirma Sarlet (2007, p. 36) que, na sua vertente histórica, os direitos humanos (internacionais) e fundamentais (constitucionais) radicam no reconhecimento, pelo direito positivo, de uma série de direitos naturais do homem, que, neste sentido, assumem uma dimensão pré-estatal e, para alguns, até mesmo supraestatal. Cuida-se, assim, dos direitos humanos, considerados como tais aqueles outorgados a todos os homens pela sua mera condição humana, mas, neste caso, de direitos não-positivados. Cumpre assim traçar uma distinção, ainda que de cunho didático, entre as expressões: "direitos do homem" (no sentido de direitos naturais não, ou ainda não positivados), "direitos humanos" (positivados na esfera do direito internacional) e "direitos fundamentais" (reconhecidos ou outorgados e protegidos pelo direito constitucional interno de cada Estado).

Nesse sentido, "partindo-se do pressuposto de que os direitos humanos são coisas desejáveis, isto é, fins que merecem ser perseguidos" (BOBBIO, 2004, p. 15), a seguir, discutir-se-iam suas noções epistemológicas.

Nestas condições, a doutrina de direito natural dos séculos XVII e XVIII, de natureza racionalista, apontava para a necessidade de fundamentos do poder político e também do direito positivo, com base numa referência imediata à "Divindade", assim a legitimidade do poder e do direito viria dada pelo poder divino.

Desta forma, a doutrina puramente instrumental e racional se opunha à doutrina estruturalista e normativa e lógica. Pesou, igualmente, o pensamento iluminista, fundado na exaltação aos valores: às liberdades do homem, trazendo, assim, um individualismo essencial para as primeiras declarações do direito do homem.

O reconhecimento dos direitos humanos precisaria de um argumento irresistível, ao qual ninguém poderia recusar a própria adesão. Surge, assim, o problema de se encontrar um fundamento absoluto no mundo das ideias (BOBBIO, 2004, p. 16). A ideia da existência de um fundamento último daria ao direito um status de legitimidade, seu caráter universal e necessário não poderia mais ser questionado.

Neste sentido, o direito do homem, foi racionalmente deduzido de um lugar comum, de um direito superior e inato pautado por "valores" humanos originários e universais. Com efeito, a compreensão desta teoria exigiria:

Primeiro, aceitar que os valores são conceitos jusfilosófico universal que toda sociedade almeja realizar: valores últimos ou finais;

Segundo, perceber o valor como um componente da norma quer jurídica quer moral. Assim sendo, todo princípio ou regra de direito fundamental deverá estar fundado em valores;

Terceiro, conceber o valor como um indicador importante nos processos de criação, interpretação, integração e aplicação da norma de direito fundamental.

Nesse sentido, o fundamento valorativo que norteiam os Direitos Humanos, na legislação internacional, dar-se-ia a partir da orientação moral que passou a ser a base da legislação constitucional dos diferentes países, como forma de expressão dos direitos fundamentais.

A origem desta teoria, pensamos, se funda na ideia da existência de um ideal comum, pautado por valores que condicionam a convivência social, valores constantes (permanentes) e universais a serem observados individual e coletivamente.

Não é demais, no entanto, afirmar que a noção dos Direitos Humanos parte da ideia de que existem valores humanos socialmente realizáveis que podem e devem ser difundidos evitando-se, assim, a disseminação de uma sociedade em conflito: uma crise moral. Eis o que nos autoriza a falar em universalização (globalização) dos Direitos Humanos e Fundamentais, normas que balizam a conduta humana na seara nacional e internacional.

Por conseguinte, *Vida, dignidade, honestidade, respeito, responsabilidade, justiça, liberdade, probidade, tolerância, lealdade, paz, honra, humildade, generosidade, harmonia social, obediência* etc. são valores humanos, históricos, universais e permanentes necessários à convivência. São valores que, hierarquizáveis ou não, devem ser observados, pois "não há valores que possam ser apreciados plenamente sem se levar em conta todos os demais, a experiência pessoal e a coletiva". (REALE, 1969, p. 209)

Conforme explica Alexy (2011, p. 36) o problema dos valores surge, sobretudo, quando da interpretação do material normativo empiricamente constatável e do preenchimento de suas lacunas. Nesse sentido, é possível falar em um problema de complementação. E, na medida em que para a identificação do material normativo são necessárias valorações, a esse problema soma-se o problema da fundamentação.

À primeira vista, parece acertado dizer-se que as indagações acerca do que deve ser considerado *bom* para uma sociedade deverão ser as mesmas indagações a serem consideradas para a preservação da humanidade como um todo. Assim, por exemplo, a agressão à natureza (o desmatamento) não pode ser *bom* para um grupo o país, por não ser bom para a preservação do planeta.

Outro grupo de valores históricos, considerados resultado das conquistas obtidas pelas lutas de classes sociais, hodiernamente inspiram as legislações nacionais, a saber: *igualdade, fraternidade, solidariedade, ordem, progresso* etc.

Veremos que são os valores constitucionais os que conformam a base do contexto axiológico fundamentador ou básico para a interpretação de todo o ordenamento jurídico, o postulado-guia para orientar a hermenêutica teleológica e evolutiva da Constituição e o critério para medir a legitimidade das diversas manifestações do sistema de legalidade. Neste sentido, o valor da dignidade da pessoa humana impõe-se como núcleo básico e informador de todo o ordenamento jurídico, como critério e parâmetro de valoração a orientar a interpretação e compreensão do sistema constitucional. (PIOVESAN, 2010, p. 27)

A respeito disso, como bem afirma Ingo Wolfgang Sarlet (2007, p.122) existe outra dimensão intimamente associada ao valor da dignidade da pessoa humana que consiste na garantia de condições justas e adequadas de vida para o indivíduo e sua família, contexto no qual assumem relevo de modo especial os direitos sociais ao trabalho, a um sistema efetivo de seguridade social, em última análise, à proteção da pessoa contra as necessidades de ordem material e à asseguração de uma existência com dignidade.

Trata-se, pois, de um referencial hermenêutico, caracterizando-se como valor norteador da interpretação e aplicação de todo o ordenamento jurídico positivo e, portanto, a finalidade e a justificativa de toda atividade estatal.

Nesse sentido, afirma Ana Paula de Barcellos (2008, p. 279), a dignidade da pessoa humana tornou-se o princípio fundante da ordem jurídica e a finalidade principal do Estado, com todas as consequências hermenêuticas que esse status jurídico confere ao princípio.

Contudo, a dignidade da pessoa humana impõe-se como núcleo básico e informador de todo o ordenamento jurídico, como critério e parâmetro de valoração a orientar a interpretação e compreensão do sistema constitucional. Vemos, assim, uma tentativa de reaproximação da ética do direito, por meio da força normativa dos princípios, especialmente do princípio da dignidade humana. Nesse aspecto, leciona Flávia Piovesan, que é no princípio da dignidade humana que a ordem jurídica encontra o próprio sentido, sendo seu ponto de partida e seu ponto de chegada, para a hermenêutica constitucional contemporânea. Consagra-se, assim, a dignidade como verdadeiro superprincípio, a orientar tanto o Direito Internacional como o Direito Interno. (PIOVESAN, 2010, p. 27, 29, 30)

Todavia, para Luiz Edson Fachin, a existência humana digna é um imperativo ético que se projeta para o Direito na defesa de um patrimônio mínimo. Pensar sobre um patrimônio mínimo, continua o citado autor, pode ser navegar contra a maré que descola o Direito do perguntar-se sobre o próprio fundamento e a razão de ser, é, mesmo assim, voltar-se contra a avassaladora racionalidade da exclusão social e contra a simbolização virtual de tudo e de todos. (FACHIN, 2006, p. 1, 22)

Assim, na lógica da principiologia, observa Ana Paula de Barcellos (2008, p. 288, 323) constitucional e do princípio da dignidade da pessoa humana concebe-se o mínimo existencial composto de quatro elementos, três materiais e um instrumental, a saber: a educação fundamental, a saúde básica, a assistência aos desamparados e o acesso à Justiça. Esses quatro pontos correspondem ao núcleo da dignidade da pessoa humana a que se reconhece eficácia jurídica positiva e *estatus* de direito subjetivo exigível diante do Poder Judiciário. Esses quatro conteúdos do mínimo existencial não correspondem a uma escolha aleatória, ou exclusivamente normativa. Com efeito, educação e saúde formam um primeiro momento da dignidade humana, no qual se procuram assegurar condições iniciais tais que o indivíduo seja capaz de construir, a partir delas, sua própria dignidade autonomamente. A assistência aos desamparados, por sua vez, identifica um conjunto de pretensões cujo objetivo é evitar a indignidade em termos absolutos, envolvendo particularmente a alimentação, o vestuário e o abrigo. A eficácia positiva ou simétrica das normas constitucionais que cuidam do tema está no fato de que é possível exigir judicialmente do Estado ao menos os bens em questão *in natura*, isto é: o Estado deve dispor de um estabelecimento no qual as pessoas necessitadas possam se abrigar à noite, assim como de alguma forma de programa de alimentação e vestuário para esses indivíduos ou de alguma estrutura equivalente. O vital é que os desamparados tenham onde obter socorro seja por meio da prestação direta pelo Estado, de conveniados do Poder Público, de vales, ou de qualquer outra forma que a inteligência política possa imaginar.

Em poucas palavras diremos que é por meio das normas de direitos fundamentais, de seus princípios e regras (dispositivos), se objetivam tais valores.

Acerca da incidência dos valores no processo de interpretação normativa, afirmaria Jurgen Habermas (1998, p. 74 - 75, 78-79, 94, 100, 269, 308, 328, 329) uma norma só pode "apreender" uma situação complexa do mundo da vida em termos seletivos, isto é, na perspectiva da relevância que a própria norma se encarrega de fixar previamente. O estado de coisas constituído pela norma nunca esgota o vago conteúdo semântico de uma norma geral. É uma descrição evidentemente circular que assinala um problema metodológico que toda teoria do direito tem que esclarecer. Independentemente da relação circular existente entre as normas jurídicas e o estado de coisas, a valorações jurídicas parecem ser decisivas como variante de interpretação e referência aos fatos.

De acordo com o autor, *normas* e *valores* se distinguem primeiro, pela referência que, respectivamente, fazem à ação "deontológica", ou seja, à ação sujeita a obrigações, e à ação teleológica; segundo, pela codificação, binária e gradual de sua pretensão de validade; terceiro, pelo tipo de caráter vinculante, absoluto no caso das normas, e relativo no caso dos valores; e, quarto, pelos critérios que satisfazem aos sistemas de normas, por um lado, e aos sistemas de valores, por outro. Isto porque as normas e os valores se distinguem nas suas propriedades lógicas e de aplicação. Assim, os princípios ou normas de ordem superior, por meio dos quais se podem justificar outras normas, têm um sentido deontológico. Já os valores têm um sentido teleológico.

Acerca do confronto entre "normas" e "valores" outra leitura (FONSECA, *apud*, SROUR, 2000, p. 34) identifica as normas como sendo pautas de ação que expressam valores, balizas definidas por uma coletividade qualquer para guiar o comportamento. Tais exigências tornam obrigatórias as condutas e operam como fatores de coesão social ou como regras de convivência visando à coexistência entre interesses contraditórios, são as denominadas normas sociais quando acatadas, de dizem eficazes (eficácia social).

Na relação possível entre valores e norma pode-se afirmar que os sistemas de normas não são universais, eles dependem do sistema de valores histórico-cultural estabelecido num dado tempo e lugar. Logo, não existe um sistema de normas geral, abstrata e universal. Nesse sentido absurdo seria falar de estruturas, sistemas normativos e sociedades éticas ou antiéticas. Somente a ação humana individual é suscetível de valoração moral. O ambiente moral em que se vive é resultado das ações individuais (ARRUDA, 2003, p. 23). Mas, se bem o comportamento antiético ou imoral é sempre individual, a ausência de valores morais é o pior dos males que pode fazer desmoronar e desqualificar uma dada sociedade.

O complexo de normas éticas, explica Nalini (2004, p. 28), se alicerça em valores, normalmente designados valores do bom. Assim, toda norma pressupõe uma valoração.

Todavia, podemos afirmar as normas e princípios jurídicos são meros instrumentos de expressão e muitas vezes tradução de valores. São meros canais por meio dos quais os valores são importados para o direito. Vejamos alguns exemplos.

> **Constituição Federal:**
>
> Art.1º - A República Federativa do Brasil formada pela união indissolúvel dos Estados e Municípios e do Distrito Federal; constitui-se em Estado <u>Democrático</u> de Direito e tem como fundamentos:
> I - a <u>soberania</u>;
> II - a <u>cidadania</u>;
> III - a <u>dignidade</u> da pessoa humana;
> IV - os <u>valores sociais</u> do trabalho e da <u>livre iniciativa</u>;
> V - o <u>pluralismo</u> político.
> Parágrafo Único - Todo o poder emana do povo, que o exerce por meio de representantes eleitos ou diretamente nos termos desta Constituição.
> [...]

> Art.3º - Constituem objetivos fundamentais da República Federativa do Brasil:
> I - construir uma sociedade livre, justa e solidária;
> II - garantir o desenvolvimento nacional;
> III - erradicar a pobreza e a marginalização e reduzir as desigualdades sociais e regionais;
> IV - promover o bem de todos, sem preconceitos de origem, raça, sexo, cor, idade e quaisquer outras formas de descriminação. (Grifo nosso)

Destarte, os princípios têm várias funções: informadora, normativa e interpretativa. A função informadora serve de inspiração ao legislador, de fundamento do direito positivado. A função normativa atua como uma fonte supletiva, nas lacunas ou omissões da lei. A função interpretativa serve de critério orientador para os intérpretes e aplicadores da lei. (MARTINS, 2009, p. 59)

Todavia a presença dos valores no Sistema de Direito Nacional brasileiro melhor se observa no Preâmbulo da Constituição da República Federativa do Brasil de 1988:

> Nós, representantes do povo brasileiro, reunidos em Assembléia Nacional Constituinte para instituir um **Estado Democrático**, destinado a assegurar o exercício dos direitos sociais e individuais, a **liberdade**, a **segurança**, o **bem-estar**, o **desenvolvimento**, a **igualdade** e a **justiça** como **valores** supremos de uma **sociedade fraterna**, pluralista e **sem preconceito**, fundada na **harmonia social** e comprometida, na **ordem interna** e **internacional**, com a solução **pacífica** das controvérsias, promulgamos, sob a proteção de Deus, a seguinte CONSTITUIÇÃO DA REPÚBLICA DO BRASIL. (Grifo nosso)

O fato é que vários são os princípios que auxiliam a ciência e a prática jurídica, a saber: 1 *A ignorância do Direito não exime a responsabilidade*; 2 *A dignidade da pessoa humana deve ser observada*; 3 *Todos são iguais perante a lei, sem distinção de qualquer natureza*; 4 *A inviolabilidade do direito à vida, à liberdade, à igualdade, à segurança e à propriedade*; 5 *Ninguém será obrigado a fazer ou deixar de fazer alguma coisa senão em virtude de lei*; 6 *Não há crime sem lei anterior que o defina, nem pena sem prévia cominação legal* etc. Veremos, a seguir que tais princípios envolvem valores.

Dissemos que o Direito possui *princípios*, porque não é possível haver ciência não fundada em tais pressupostos. A palavra *princípio* tem duas acepções: uma de natureza moral, e outra de ordem lógica. Quando dizemos que um indivíduo é homem de princípios, estamos empregando o vocábulo na sua acepção ética, para dizer que se trata de um homem de virtudes, de boa formação e que sempre se conduz fundado em razões morais. Do ponto de vista da lógica, os *princípios* podem ser considerados como juízos fundamentais, que servem de alicerce ou de garantia de certeza a um conjunto de juízos, ordenados em um sistema de conceitos relativos a dada porção da realidade. Às vezes também se denominam princípios certas proposições que, apesar de não serem evidentes ou resultantes de evidências, são assumidas como fundantes da validez de um sistema particular de conhecimentos, como seu pressuposto necessário. (REALE, 1969, p. 54)

A primeira vista, parece acertado dizer-se que os princípios inspiram o Direito Positivo, são critérios diretivos, juízos que conectam as normas a um sistema de valores. Os princípios orientam a conduta indicando a observação de valores relativos, por exemplo, à convivência social, à dignidade, ao respeito das pessoas, ao dever de indenizar ou de restituir, ao exercício dos direitos conforme a uma finalidade social.

Podemos, assim, concluir que os princípios positivam ou envolvem valores. Os valores têm em suas características a *realizabilidade*, que é o suporte que tem na realidade e a *inexauribilidade*, que aponta para o seu significado de *dever ser*. (LAFER, 2004, p. 62)

A Vida, a paz, a liberdade, o amor etc. são valores; realizáveis, irrenunciáveis, universais e permanentes. É por isso que "o pensamento filosófico está enraizado no processo histórico-social e reflete, inevitavelmente, os conflitos dos valores e dos interesses hegemônicos com os das parcelas dominadas da sociedade". (CAFFÉ ALVES, 2004, p. 81)

Vejam-se, a seguir, alguns exemplos da correlação entre tais recursos:

Exemplo n. 1

a) Valor: Justiça.

b) Princípios: Constituição Federal, artigo 37: A administração pública direta e indireta de qualquer dos Poderes da União, dos Estados, do Distrito Federal e dos Municípios obedecerá aos princípios de <u>legalidade</u>, <u>impessoalidade, moralidade, publicidade</u> e <u>eficiência</u> e, também, ao seguinte [...]

Exemplo n. 2

a) Valor: Paz
b) Princípio: Constituição Federal, artigo 4º, VI e VII: A República Federativa do Brasil rege-se nas suas relações internacionais pelos seguintes princípios:
[...]
VI - defesa da paz;
VII - solução pacífica dos conflitos;
[...]

Exemplo n. 3

a) Valor: Dignidade
b) Princípio: Constituição Federal, artigo 1º, III: A República Federativa do Brasil formada pela união indissolúvel dos Estados e Municípios e do Distrito Federal; constitui-se em Estado Democrático de Direito e tem como fundamentos:
[...]
III - a dignidade da pessoa humana;
[...]

Exemplo n. 4

Valor: Liberdade
Princípio: Constituição Federal, artigo 1º, IV: A República Federativa do Brasil formada pela união indissolúvel dos Estados e Municípios e do Distrito Federal; constitui-se em Estado Democrático de Direito e tem como fundamentos:
[...]
IV - os valores sociais do trabalho e da livre iniciativa;
[...]

4.1.3 Fundamento normativo dos direitos humanos

Independentemente da distinção terminológica, acima estudada, os direitos fundamentais se referem a um sistema constitucional de determinado Estado, ao passo que, em relação aos Direitos humanos, trata-se da mesma realidade, porém, sob um prisma internacional. Todavia, os direitos humanos podem ser identificados como um conjunto de direitos básicos e necessários para o desenvolvimento do ser humano, isto é, de uma vida digna com base na liberdade.

Quando positivados os direitos humanos encontra seu reconhecimento em documentos internacionais: por meio da internacionalização ou globalização dos direitos do homem. Mas, não faltam os que pretendem demonstrar que não há como se falar em direitos uniformes para sociedades diferentes. Todavia, objeta-se que não há direito que não seja humano ou do homem, afirmando-se que só o ser humano pode ser titular de direitos e, portanto, importa a preservação dos direitos individuais.

Importa assim, reconsiderar a importância (contribuição) do positivismo, quanto à questão da segurança e da certeza jurídica, pois no plano da sua efetividade:

> um direito só existe juridicamente a partir da sua positivação, que estabelece seu exato alcance. Sem este reconhecimento, tem-se simplesmente uma reivindicação política, que eventualmente pode permitir a positivação dos direitos fundamentais, mas, evidentemente, não permite reivindicar direitos em âmbito jurídico. (DIMOULIS, 2011, p. 53)

Pois bem, os pressupostos normativos dos direitos humanos são definidos pelo conjunto de normas: princípios e regras que balizam sua tutela específica nas diferentes legislações nacionais. Diz-se, assim, do conjunto de instrumentos internacionais que balizam as legislações nacionais.

Vê-se, assim, o Direito Internacional dos Direitos Humanos, obrigatório e universal, por estabelecer os limites intangíveis para os estados, cujas normas situam-se no topo da hierarquia normativa, porquanto que dita a última palavra sobre interpretação e aplicação das normas de direitos humanos é a jurisdição internacional. Todavia, pode-se falar do caráter sistemático, diz-se da existência de um sistema de direitos humanos. "A partir do reconhecimento de que os tratados de Direitos Humanos são concebidos não como meros enunciados de valores, mas dotados de força cogente, vinculante e efetiva, os estados assumem o dever de cumpri-los e de fazê-los cumprir dentro das fronteiras de sua soberania. O sistema de proteção dos direitos humanos representa os limites e as condições dentro dos quais os estados podem atuar sem suscetibilizar a dignidade humana". (JAYME, 2005, p.2)

Podemos assim acreditar que os pressupostos normativos são formas objetivadas desses direitos, referências invocadas nos processos de interpretação e integração de todo um sistema de direitos: consideram-se, pois, que os direitos fundamentais são, na verdade, os próprios direitos humanos positivados.

É da análise da evolução normativa que emana a doutrina das dimensões ou gerações dos direitos humanos e fundamentais, por meio da qual se caracteriza e classificam os direitos humanos em espécie conforme a uma imaginária ordem histórica de reconhecimento normativo. Vejamos.

4.1.3.1 Teoria das gerações dos direitos humanos e fundamentais

Examinemos agora uma importante questão que diz da evolução dos direitos em estudo. Trata-se das chamadas gerações dos direitos humanos.

Explicar-se-ia, assim, que da evolução dos direitos humanos, originou-se a concepção das gerações e delas se conhecem: a) os direitos da primeira geração (direitos e garantias de caráter individualista); b) os direitos da segunda geração (direitos sociais), onde predomina a necessidade da existência de tutela por parte do Estado; c) os direitos de terceira geração, de titularidade coletiva, a meu ver, muito relacionados com a soberania nacional e com o princípio da autodeterminação dos povos, pois, como é conhecida, a construção moderna dos direitos humanos está baseada nas garantias da convivência coletiva com uma visão mais geral, tendo como objetivo fundamental a preservação do mundo comum; por isso, fala-se da necessidade de uma vontade política para combater a violência e a opressão dos povos.

Quanto a esse tema modernamente os vários estudiosos nos apresentam uma classificação de direitos fundamentais: "de primeira, segunda e terceira gerações, baseando-se na ordem histórica cronológica em que passaram a ser constitucionalmente reconhecidos". (MORAES, 1998, p. 44)

Todavia, as gerações (ou dimensões) dos direitos humanos foram estruturadas da seguinte maneira:

a) de *primeira geração*, os direitos civis e políticos relativos à liberdade, são os direitos de garantias individuais e políticos clássicos (liberdades públicas);

b) de *segunda geração*, os direitos econômicos, sociais e culturais, considerados a partir do início do século;

c) de *terceira geração*, os direitos de titularidade coletiva, atribuídos às formações sociais, atualmente protegidos constitucionalmente, como direitos de solidariedade ou fraternidade, por exemplo, o direito a um meio ambiente equilibrado, a uma saudável qualidade de vida, ao progresso, à paz, à autodeterminação dos povos e a outros direitos difusos etc.

Todavia, os direitos de terceira geração, como o de viver num ambiente não poluído, não poderiam ter sido sequer imaginados quando foram propostos os de segunda geração, do mesmo modo como estes últimos (por exemplo, o direito à instrução ou à assistência) não eram sequer concebíveis quando foram promulgadas as primeiras. (BOBBIO, 2004, p. 6)

O surgimento de novas condições materiais estimularia a origem de outros direitos fundamentais. Falar-se-ia, assim, por exemplo, dos direitos econômicos, dos direitos sociais etc. Surgiriam, todavia, novas doutrinas procurando apontar para a realização concreta desses direitos.

Mas, em verdade,

> ao lado dos direitos sociais, que foram chamados de segunda geração, emergiram hoje os chamados direitos de terceira geração, que constituem uma categoria, para dizer a verdade, ainda excessivamente heterogênea e vaga, o que nos impede de compreender do que efetivamente se trata. O mais importante deles é o reivindicado pelos movimentos ecológicos: o direito de viver num ambiente não poluído. Mas já se apresentam novas exigências que só poderiam chamar-se de direitos de quarta geração, referentes aos efeitos cada vez mais traumáticos da pesquisa biológica, que permitirá manipulações do patrimônio genético de cada indivíduo. (BOBBIO, 2004, p. 5)

É absolutamente certo que a humanidade precisa de um desenvolvimento sustentável em face de um meio ambiente equilibrado. Mas, segundo penso ambos os objetivos não se concretizam por falta de uma Consciência. Surge assim a necessidade de incluir *o direito a viver numa sociedade consciente* (consciência social: jurídica e moral), aquela que permitirá uma real convivência, como um dos direitos de quarta geração.

Como também afirma Celso Lafer (1991, p. 118-120, 126), "no mundo contemporâneo subsistem situações sociais, políticas e econômicas que contribuem para tornar os homens supérfluos, por isso, a crise dos direitos humanos continua na Ordem do dia". Como se pode entender, o conhecimento da Teoria da Geração desses direitos, brinda-nos com a possibilidade de compreender o porquê da existência de enfoques diferentes sobre a matéria. Portanto, "o fato de explicar os direitos humanos como parte integrante da lógica individualista, significa conceber a liberdade como faculdade de autodeterminação de todo ser humano".

As investigações históricas nos demonstram, que, em suas origens, é essencial o papel importante da explicação contratualista, que se ajusta a um direito baseado no indivíduo, numa sociedade em que começava a surgir o mercado e a competência. O contratualismo, na relação autoridade-liberdade, fundamenta-se na auto-obrigação dos governados, por meio da qual formulou-se o princípio básico já citado, com o qual se reconhecia que "*somente o homem podia obrigar-se segundo sua vontade*".

Com efeito, num primeiro momento, a interação existente entre os governantes e os governados, que antecede a Revolução americana e a francesa, os direitos do homem surgem e se afirmam como direitos do indivíduo, representados pela doutrina liberal, através do reconhecimento da liberdade religiosa e da opinião do indivíduo, a liberalização do poder, mediante as liberdades econômicas, e a liberalização do poder econômico do domínio do poder político. (LAFER, 1991)

Os Direitos Humanos da Declaração de Virgínia e da Declaração francesa de 1889, são, nesse sentido, direitos de 1ª geração, fundamentados no contratualismo de inspiração individualista. São vistos como direitos inerentes ao indivíduo, uma vez que precedem o contrato social.

Os Direitos da 2ª Geração, configuram-se a partir da complementação histórica dos Direitos individuais, pelas reivindicações dos despossuídos, as exigências para participar do bem-estar social, sendo o fundamento dos direitos do indivíduo em relação ao coletivo (Direito ao trabalho, a saúde, a educação etc.). Como é claro, o reconhecimento destes direitos depende da posição que adote o estado, principalmente, com os serviços públicos.

Os direitos de titularidade coletiva, tais como: o direito à autodeterminação dos povos e outros direitos, derivados das relações internacionais, são consequências de conflitos nascidos das relações entre as comunidades, e, também, resultado de toda geração que aqui se explica. Hoje, por exemplo, num nível mais geral, pensa-se nos direitos mais universais da humanidade, considerando-os, também, como direitos humanos:

1. O direito a um meio ambiente, pelo qual toda pessoa tem necessidade de viver num meio sadio e a contar com os serviços públicos básicos.

2. O direito à educação, como direito à capacitação de todas as pessoas, para participar efetivamente de uma sociedade democrática, favorecendo a tolerância, a amizade entre todas as nações e todos os grupos sociais, étnicos ou religiosos e promover as atividades em favor da manutenção da paz.

3. O direito à saúde, como gozo do mais alto nível de bem-estar físico, mental e social.

4. O direito aos benefícios da cultura, do progresso científico e tecnológico, da proteção dos interesses morais e materiais que a eles correspondam, em virtude de produções científicas, literárias e artísticas.

5. O direito à constituição e proteção da família, como elemento fundamental da sociedade.

6. O direito à proteção das crianças, pelo qual toda criança tem o direito de crescer no amparo da família, da sociedade e do Estado.

7 O direito à proteção dos idosos e dos incapacitados;

8. O direito à integração econômica dos Estados, segundo as áreas e regiões geográficas afins.

4.1.3.2 Sistema Interamericano de Direitos Humanos

Também como resultado da geração, das lutas e conquistas dos povos, se tem alcançado a elaboração de determinados documentos nos quais, ao menos formalmente, se regula o sentir de todo um continente, expressos no chamado Sistema Interamericano de Direitos Humanos, a seguir abordado.

Conforme explica Héctor Gros Espiell (2008) os sistemas de proteção e garantia de Direitos Humanos, que hoje se considera de larga e de complexa evolução, tem uma vertente externa e interna. A primeira resulta do direito internacional e, a segunda, regulamentada pelo direito estatal. Assim, continua o citado autor, dentre os variados sistemas regionais de proteção e garantia de Direitos Humanos, alguns dos quais resultam dos sistemas de integração, está o Sistema Interamericano. Este sistema, nascido em 1948, como resultado da Carta de Bogotá, estava precedido pelo que se reconhece como Panamericanismo, que foi o primeiro "acordo regional" criado com base no prescrito no artigo 52 da Carta das Nações Unidas. Contudo, não foi, nem é, um real sistema regional latino-americano, pois desde a sua origem foi constituído por países como Estados Unidos, países caribenhos de língua inglesa e o Canadá.

A Carta da Organização dos Estados Americanos em 1948 fazia reiteradas referências aos direitos humanos, mas não os enumerava nem continha um sistema específico de proteção e garantia. A IX Conferência Panamericana de Bogotá, em 1948, não só adotou a Carta da Organização, mas, também aprovou os textos, de natureza declarativa, de extrema importância com o intuito de orientar o desenvolvimento do futuro sistema regional de declaração, garantia e proteção dos Direitos Humanos: a Declaração Americana de Direitos e Deveres do Homem e a Carta Internacional Americana de Garantias Sociais. Em 959, após anos de inatividade quanto ao avanço no sistema de proteção dos direitos humanos na América Latina, criou-se em Santiago de Chile, a Comissão Interamericana de Direitos Humanos e se iniciou o processo de redação da Convenção Americana sobre Direitos Humanos. Esta Convenção foi adotada em San José por uma Conferência Interamericana Extraordinária em 1969. Entrou em vigor em 18 de julho de 1978 ao obter as onze ratificações exigidas (art. 74 da Convenção). (GROS ESPIELL, 2008)

4.1.3.2.1 Declaração Americana dos Direitos e Deveres do Homem

O texto da Declaração Americana dos Direitos e Deveres do Homem foi provado na Nona Conferência Internacional Americana, Bogotá, Colômbia, na qual se considerou que os povos americanos devem dignificar a pessoa humana, e que suas Constituições nacionais reconheçam as instituições jurídicas e políticas, que regem a vida em sociedade, tendo como finalidade, a proteção dos direitos essenciais do homem e à criação de circunstâncias que permitam ao homem progredir espiritual e materialmente, para alcançar a felicidade; os Estados americanos reconheceram que isso não nasce do fato de ser oriundo de determinado Estado, mas que tem como fundamento os atributos da pessoa humana. Igualmente se considerou que a consagração americana dos direitos essenciais do homem, unida às garantias oferecidas pelo regime interno dos Estados, estabelece o sistema inicial de proteção, que os Estados americanos consideravam adequado às circunstâncias sociais e jurídicas, não sem reconhecer que deveriam fortalecer, cada vez mais, o campo internacional. Portanto, concordou-se em adotar a Declaração Americana dos Direitos e Deveres do Homem.

No preâmbulo da mencionada declaração, reconhece-se que todos os homens nascem livres e iguais em dignidade e direitos, dotados de natureza, razão e consciência, que devem portar-se fraternalmente uns com os outros. Por outro lado, considerou-se que o cumprimento do dever de cada um, é uma exigência do direito de todos, pois, esses mencionados direitos e deveres, integram-se, correlativamente, em toda a atividade social e política individual e os deveres expressam a dignidade dessa liberdade. Por tais razões, afirmou-se que:

1 os deveres de ordem jurídica presumem outros de ordem social, que os apóiam conceptualmente e os fundamentam;

2 é dever do homem servir ao espírito com todo o seu potencial e recursos, porque o espírito é a finalidade suprema da existência humana e sua categoria mais alta;

3 é dever do homem exercer, manter e estimular, por todos os meios ao seu alcance, a cultura, porque a cultura é a máxima expressão social e histórica do espírito.

No primeiro capítulo (Direito à vida, à liberdade, à segurança e à integridade da pessoa), está estabelecido:

- "Todo ser humano tem direito à vida, à liberdade e à segurança". (Artigo 1)

- "Todas as pessoas são iguais perante a Lei e têm os direitos e deveres consagrados nesta declaração, sem distinção de raça, sexo, idioma, credo nem qualquer outra". (Artigo 2)

Proclama-se o direito à liberdade religiosa e de culto, ao reconhecer que "toda pessoa tem direito de professar livremente uma crença religiosa e de manifestar sua prática em público". (Artigo 3).

A liberdade de pesquisa, opinião, expressão e difusão é reconhecida no artigo 4. Reconhece-se o direito à proteção da honra, à reputação pessoal e à vida privada e familiar, pelo qual toda pessoa tem direito à proteção da Lei contra os ataques abusivos à sua honra, à sua reputação e à sua vida privada e familiar.

Por outro lado, levou-se em conta o reconhecimento e proteção à família, o direito à proteção da maternidade e da infância, direitos de residência e trânsito, inviolabilidade de domicílio, direito à inviolabilidade e circulação da correspondência, direito à preservação da saúde e ao cuidado com a educação e com a cultura, direito ao trabalho e a uma remuneração justa, direito ao descanso e ao seu aproveitamento, à segurança social, ao reconhecimento da personalidade jurídica e dos direitos civis, o direito de justiça, de nacionalidade, de voto e de participação no governo, direito de reunião, de associação, direito à propriedade privada, direito contra a detenção arbitrária, direito a processo regular, direito de asilo.

Quanto ao alcance dos direitos do homem, dispôs-se que esses direitos estão limitados pelos direitos dos demais, pela segurança de todos, pelas exigências justas do bem-estar geral e do desenvolvimento democrático.

Foi regulamentado, igualmente, os direitos perante a sociedade, o dever para com os filhos e com os pobres, deveres de instrução, voto, de obediência à Lei, de servir à comunidade e à nação. Levou-se em conta o dever de assistência e segurança social, o dever de pagar impostos, o dever de trabalhar e de abster-se de realizar atividades políticas em país estrangeiro.

4.1.3.2.2 Convenção Americana sobre Direitos Humanos

A Convenção Americana sobre Direitos Humanos foi subscrita em São José de Costa Rica, em 22 de novembro de 1969, na Conferência Especializada Interamericana sobre Direitos Humanos.

A Convenção Americana sobre Direitos Humanos constitui o marco convencional que estabelece, como obrigação, o respeito aos Direitos Humanos, própria do sistema regional. Assim, se organiza o regime processual e o seu sistema orgânico, por meio da Comissão Interamericana e da Corte Interamericana de Direitos Humanos. Igualmente se estabelecem os deveres dos Estados, e os direitos protegidos, os direitos dos Estados, os direitos civis e políticos, direitos econômicos, sociais e culturais, a suspensão de garantias, interpretação e aplicação, direitos das pessoas e os meios de proteção. A partir do segundo capítulo trata dos órgãos competentes: a Comissão Interamericana de Direitos Humanos e a Corte. Regula-se, igualmente, a Comissão Interamericana de Direitos Humanos. (GROS ESPIELL, 2008)

Esta convenção foi inspirada no propósito de consolidar no continente um regime de liberdade pessoal e de justiça social, fundado no respeito aos direitos essenciais do homem, concordando-se em regular os deveres dos Estados e os direitos protegidos, dentre os quais, se inclui a obrigação de respeitar os direitos nela reconhecidos, por parte dos Estados que fizeram parte dessa Convenção e a garantir seu livre e pleno exercício, a toda pessoa sujeita à sua jurisdição, sem discriminação por motivo de raça, cor, sexo, idioma, religião, opinião pública ou de qualquer outra espécie, ou condição social (artigo 1); o direito ao reconhecimento da Personalidade Jurídica, porque toda pessoa tem direito a tal reconhecimento (Artigo 3); o reconhecimento do direito à vida, como um direito que toda pessoa possui, referindo-se à sua vida, que estará protegida pela lei, a partir do momento da concepção, e que ninguém poderá ser privado da vida arbitrariamente. Regulamentou-se pena de morte, que só poderá ser imposta para os delitos mais graves, no cumprimento de sentenças executórias de tribunal competente e de conformidade com uma lei que estabeleça tal pena, ditada com anterioridade à prática de tal delito. Dispôs-se que não se restabelecerá a pena de morte nos Estados que a aboliram, e não se poderá aplicá-la por delitos políticos, comuns ou ligados à política, nem será imposta aos menores de dezoito anos, pessoas com mais de setenta, nem às mulheres grávidas. O direito a solicitar anistia, ao indulto e à comutação da pena poderão ser concedidos em todos os casos, e não se poderá aplicar a pena de morte enquanto a solicitação estiver aguardando decisão da autoridade competente (Artigo 4).

Igualmente projeta-se o direito à integridade pessoal, como direito ao respeito da integridade física, psíquica e moral, pelo qual ninguém deve ser submetido à tortura nem a penas ou tratamento cruel, desumano ou degradante. Toda pessoa privada de liberdade será tratada com o respeito devido à dignidade inerente ao ser humano, porque a pena pode transcender a pessoa do delinquente; os acusados devem estar separados, salvo em circunstâncias excepcionais, e deverão ser submetidos a um tratamento adequado à sua condição de pessoa não condenada. Por outro lado, dispôs-se que quando os menores podem ser processados, devem ser separados dos adultos e levados a tribunais especializados, com a maior rapidez possível, para seu julgamento. Assim sendo, as penas privativas da liberdade têm, como finalidade essencial, a modificação e a readaptação social dos condenados (Artigo 5).

Proibiu-se a escravidão e a servidão, de modo que ninguém poder ser submetido à escravidão ou servidão, nem constrangido a executar trabalhos forçados e obrigatórios. Não se considera trabalhos forçados os incluídos nestas regras:

a) os trabalhos e serviços que se exijam normalmente de uma pessoa em reclusão, ou em cumprimento de uma sentença, ou resolução formal, ditada pela autoridade judicial competente. Tais trabalhos e serviços deverão realizar-se sob vigilância e controle das autoridades públicas, e os indivíduos que os efetuem, não serão postos à disposição de particulares, companhias ou pessoas jurídicas de caráter privado;

b) o serviço militar e, nos países em que se admite sua isenção por razões de consciência, o serviço nacional que a Lei estabeleça no lugar dele;

c) o serviço imposto em casos de perigo ou calamidade, que ameace a existência e o bem-estar da comunidade;

d) o trabalho ou serviço que faça parte das obrigações cívicas normais (Artigo 6).

O direito à liberdade pessoal, segundo o qual ninguém poder ser privado de sua liberdade física, salvo pelas causas e condições fixadas de antemão pelas Constituições Políticas dos Estados, ou pelas leis ditadas de conformidade a elas. Ninguém pode ser submetido a detenção ou encarceramento arbitrários; toda pessoa detida ou retida deve ser levada, sem demora, perante um juiz ou outro funcionário autorizado pela lei para exercer funções judiciais, ou a ser posta em liberdade, sem prejuízo de que continue o processo. Sua liberdade poderá estar associada a condições que assegurem o seu comparecimento a juízo. Da mesma maneira, toda pessoa privada de liberdade tem o direito a recorrer a um juiz ou tribunal competente, a fim de que este decida, sem demora, sobre a legalidade de sua detenção ou prisão e ordene sua liberdade, se a detenção ou prisão forem ilegais. Ninguém pode ser detido por suspeita. Este princípio não limita os mandados de autoridade judicial competente, ditados por não cumprimento de pensão alimentícia (Artigo 7).

No que diz respeito às garantias judiciais, toda pessoa tem direito a ser ouvida, com as devidas garantias e dentro de um prazo razoável, por um juiz ou tribunal competente, independente e imparcial, estabelecido com a autoridade da lei, na defesa de qualquer acusação penal formulada contra ela, ou para determinação de seus direitos e obrigações de ordem civil, trabalhista, fiscal ou de qualquer outro caráter. Toda pessoa acusada de um delito tem direito a que se presuma sua inocência enquanto não se estabeleça, legalmente, sua culpabilidade. Durante o processo, toda pessoa tem direito, em plena igualdade, às seguintes garantias mínimas:

a) direito do acusado de ser assistido gratuitamente por um tradutor ou intérprete, se não compreende ou não fala o idioma do juizado ou tribunal;

b) comunicação prévia e detalhada ao acusado da acusação formulada;

c) concessão ao acusado do tempo e dos meios adequados à preparação de sua defesa;

d) direito do acusado de defender-se pessoalmente, ou de ser assistido por um defensor de sua escolha e de comunicar-se, livre e privadamente, com seu defensor;

e) direito irrenunciável de ser assistido por um defensor proporcionado pelo Estado, remunerado ou não, segundo a legislação interna, se o acusado não se defender por si mesmo, nem nomear defensor dentro do prazo estabelecido pela lei;

f) direito de a defesa interrogar as testemunhas presentes no tribunal e de obter o comparecimento, como testemunhas ou peritos, de outras pessoas que possam lançar luz sobre os fatos;

g) direito a não ser obrigado a declarar contra si mesmo nem a declarar-se culpado e direito a recorrer da sentença perante juiz ou tribunal superior.

Dispôs-se, igualmente, que a confissão do acusado somente será válida, se for feita sem coação de nenhuma natureza, que o acusado, absolvido por uma sentença, não poderá ser submetido a novo julgamento pelos mesmos fatos e que, quando for processo penal, este deve ser público, salvo quando necessário para preservar os interesses da justiça. (Artigo 8)

De acordo com o princípio da legalidade e retroatividade, ninguém pode ser condenado por ações ou omissões que, quando foram cometidas, não constituíam delitos, segundo o direito aplicável. Tampouco se pode impor uma pena mais grave que a aplicável no momento em que foi cometido o delito. Se, posteriormente à prática de um delito, a lei impuser uma pena mais leve, o delinquente dela se beneficiará. (Artigo 9)

Estabeleceu-se o direito a indenização, pelo qual toda pessoa tem direito a ser indenizado, conforme a lei, em caso de ter sido condenada em sentença definitiva por um erro judicial. (Artigo 10)

No que diz respeito à proteção à honra e à dignidade, toda pessoa tem direito ao respeito de sua honra e ao reconhecimento de sua dignidade. Ninguém pode ser objeto de ingerências arbitrárias ou abusivas em sua vida privada, na de sua família, no seu lar, ou em sua correspondência, nem de ataques ilegais a sua honra ou reputação. Toda pessoa tem direito à proteção da lei contra essas ingerências ou esses ataques. (Artigo 11)

Reconhece-se, da mesma forma, que toda pessoa tem direito à liberdade de conservar sua religião ou suas crenças, ou de mudá-las, assim como à liberdade de professá-las e divulgá-las, individual ou coletivamente, tanto em público como particularmente. Ninguém pode ser objeto de medidas restritivas que possam diminuir a liberdade de conservar ou mudar sua religião ou crenças. A liberdade de manifestar a própria religião e as próprias crenças está sujeita unicamente às limitações prescritas pela lei, que sejam necessárias para proteger a segurança, a ordem, a saúde e a moral públicas ou os direitos de liberdade dos demais. Os pais ou os tutores, têm direito a que seus filhos ou pupilos, recebam a educação religiosa e moral que está de acordo com suas próprias convicções. (Artigo 12)

De acordo com a liberdade de pensamento e de expressão, toda pessoa tem o direito à liberdade de buscar, receber ou divulgar informações e idéias de toda sorte, sem consideração de fronteiras, seja oralmente ou por escrito, em forma artística, ou por qualquer outro procedimento de sua preferência, direito que não pode estar sujeito a censura sem responsabilidades anteriores, que devem estar fixadas previamente na lei, e que sejam necessárias para:

a) o respeito aos direitos e à reputação dos demais, ou

b) a proteção à segurança nacional, à ordem pública ou à saúde e a moral públicas.

Não se pode restringir o direito de expressão por meios indiretos, tais como o abuso de controles oficiais ou particulares de papel para jornais, de frequências radioelétricas, ou utensílios e objetos usados na difusão da informação, ou por quaisquer outros meios destinados a impedir a comunicação e a circulação de idéias e opiniões. Estará proibida pela lei, toda propaganda a favor da guerra, e toda apologia de ódio nacional, racial ou religiosos, que constituam incitações à violência, ou qualquer outra ação ilegal semelhante, contra qualquer pessoa ou grupo de pessoas, por nenhum motivo, inclusive os de raça, cor, religião, idioma ou nacionalidade. (Artigo 13)

Mediante o direito de retificação ou resposta, toda pessoa afetada por informações inexatas ou graves, emitidas em seu prejuízo, através dos meios de difusão, legalmente regulamentados e que se dirijam ao público em geral, tem o direito de efetuar, pelo mesmo órgão de difusão, sua retificação ou resposta nas condições estabelecidas pela lei. Em caso algum, a retificação ou resposta eximirão de outras responsabilidades legais nas quais se haja incorrido. Para proteção efetiva da honra e da reputação, toda publicação ou empresa jornalística, cinematográfica, de rádio ou televisão, terão uma pessoa responsável não protegida por imunidade nem dispondo de foro especial. (Artigo 14)

Reconheceu-se o direito de reunião pacífica e sem armas, e o exercício deste direito só estará sujeito às restrições, previstas pela lei, que sejam necessárias numa sociedade democrática, no interesse da segurança nacional, da segurança e da ordem pública, para proteger a saúde ou a moral pública e os direitos e liberdade dos demais. (Artigo 15)

Dispôs-se a liberdade de associação, como um direito que as pessoas têm de associar-se livremente, com fins ideológicos, religiosos, políticos, econômicos, trabalhistas, sociais, culturais, desportivos ou de qualquer outra sorte. O exercício de tal direito, só pode estar sujeito às restrições, previstas pela lei, que sejam necessárias numa sociedade democrática, no interesse da segurança nacional, da segurança ou da ordem públicas, para proteger a saúde e a moral públicas ou os direitos e liberdades dos demais. Contudo, isso não impede a imposição de restrições legais e a privação do exercício do direito de associação aos membros das forças armadas e da polícia. (Artigo 16)

A família é definida como o elemento natural e fundamental da sociedade para o qual se reconhece o direito, para o homem e a mulher, de contrair matrimônio e fundar uma família, se tiverem a idade e as condições requeridas para isso pelas leis internas, na medida em que estas não afetem o princípio de não discriminação estabelecido nesta Convenção. O matrimônio não pode celebrar-se sem o livre consentimento dos contraentes, e os Estados devem tomar medidas para assegurar a igualdade de direitos e a adequada equivalência de responsabilidade dos cônjuges, antes do matrimônio, durante o matrimônio e em caso de dissolução do mesmo. Adotar-se-ão disposições para, em caso de dissolução do vínculo, assegurar-se a proteção necessária aos filhos, com base única no interesse e conveniência deles. Mesmo assim, a lei deve reconhecer direitos iguais tanto para os filhos nascidos fora do matrimônio quanto para os nascidos dentro dele. (Artigo 17)

Daí se deriva o direito ao nome, como um direito que toda pessoa possui ao nome próprio e aos sobrenomes dos pais ou a um deles (Artigo 18). É um direito do filho, o direito às medidas de proteção que sua condição de menor requere por parte da família, da sociedade e do Estado. (Artigo 19)

Quanto à nacionalidade, dispôs-se que toda pessoa tem direito à nacionalidade do Estado em cujo território nasceu, sem ter direito a outra. (Artigo 20)

Regulou-se o direito à propriedade privada, como o direito que tem toda pessoa ao uso e gozo de seus bens. A lei pode regulamentar tal uso e gozo no interesse social. Nenhuma pessoa pode ser privada de seus bens, exceto mediante o pagamento de indenização justa, por razões de utilidade pública ou de interesse social, e nos casos e segundo as normas estabelecidas pela lei. Tanto a usura como qualquer outra forma de exploração do homem pelo homem devem ser proibidas pela lei. (Artigo 21)

Por direito de circulação ou residência, entende-se que toda pessoa que se ache legalmente no território de um Estado, tem direito a circular pelo mesmo e a nele residir, respeitando as disposições legais. Toda pessoa tem direito de sair livremente de qualquer país, inclusive do seu próprio país. O exercício destes direitos não pode ser restringido a não ser em virtude de uma lei, no interesse indispensável de uma sociedade democrática, para prevenir infrações penais, a segurança ou ordem pública, a moral ou a saúde pública ou os direitos e liberdades dos demais. Ninguém pode ser expulso do território do Estado no qual é nascido, nem ser privado do direito de ingressar no mesmo. Toda pessoa tem o direito de buscar e receber asilo em território estrangeiro, em caso de perseguição por delitos políticos ou ligados à política, de acordo com a legislação de cada Estado e os tratados internacionais. Em caso algum, o estrangeiro pode ser expulso ou devolvido a outro país, seja ou não o de sua origem, desde que seu direito à vida, ou à liberdade pessoal está em risco de violação, por motivo de raça, religião, condição social ou de suas opiniões políticas. Proíbe-se a expulsão coletiva de estrangeiros. (Artigo 22)

De acordo com os direitos políticos, todos os cidadãos devem gozar dos seguintes direitos e oportunidades:

a) de participar na condução dos assuntos públicos, diretamente ou por meio de representantes livremente eleitos;

b) de votar e de ser eleito em eleições periódicas e legítimas, realizadas por sufrágio universal e igual, por voto secreto, que garanta a liberdade de expressão e a vontade dos eleitores, e

c) de ter acesso, em condições gerais de igualdade, às funções públicas de seu país.

A lei pode regulamentar o exercício dos direitos e oportunidades a que se refere o inciso anterior, exclusivamente, por razões de idade, nacionalidade, residência, idioma, instrução, capacidade civil ou mental, ou condenação por juizado competente em processo penal. (Artigo 23)

Da mesma forma, se estabeleceu a igualdade perante a Lei: "Todas as pessoas são iguais perante a lei, em consequência, têm o direito, sem discriminação, a igual proteção". (Artigo 24)

Quanto à proteção judicial: "Toda pessoa tem direito a um recurso simples e rápido, ou a qualquer outro recurso efetivo perante os juízes ou tribunais competentes, que a ampare contra atos que violam seus direitos fundamentais, reconhecidos pela Constituição, a lei ou a presente Convenção, mesmo quando tal violação seja cometida por pessoas que atuem no exercício de funções oficiais". (Artigo 25)

Como direitos econômicos, sociais e culturais, regulamentou-se o desenvolvimento progressivo, para o qual cada Estado se compromete a adotar providências, tanto a nível interno como mediante cooperação internacional, especialmente econômica ou técnica, para alcançar, progressivamente, a totalidade dos direitos que se derivam das normas econômicas, sociais e sobre educação, ciência e cultura, contidas na Carta da Organização dos Estados Americanos, reformada pelo

Protocolo de Buenos Aires, na medida dos recursos disponíveis, por via legislativa e outros meios apropriados. (Artigo 26)

Estabeleceu-se a suspensão das garantias em caso de guerra, de perigo público ou de outra emergência que ameace a independência, a segurança do Estado federativo, ocasião em que se poderá adotar disposições que, por tempo estritamente limitado às exigências da situação, suspendam as obrigações contraídas em virtude desta Convenção. (Artigo 27)

Regulou-se, também, as questões relativas à Cláusula Federal (para os Estados federativos constituído como Estado Federal, pela qual o governo nacional de cada Estado cumprirá todas as disposições da Convenção), normas de interpretação das disposições da Convenção, alcance das restrições e o reconhecimento de outros direitos. (Artigos 28-31)

Estabeleceu-se os deveres e direitos das pessoas para com a família, a comunidade e a humanidade, pelo qual os direitos de cada pessoa estão limitados pelos direitos dos demais, pela segurança de todos e pelas justas exigências do bem comum numa sociedade democrática. (Artigo 32)

Estabeleceram-se as medidas de proteção, para a qual serão órgãos competentes para o conhecimento dos assuntos relacionados com o cumprimento dos compromissos contraídos pelos Estados participantes desta Convenção:

a) a Comissão Interamericana de Direitos Humanos, chamada de a Comissão, e

b) a Corte Interamericana de Direitos Humanos, chamada de a Corte. (Artigo 33)

A partir do artigo 34 e seguintes, regula-se a organização da Comissão Interamericana e da Corte Interamericana de Direitos Humanos, estabelecendo-se suas funções, competência e procedimentos. Da mesma forma, a partir do artigo 70 e seguinte, encontram-se as Disposições Comuns (essencialmente relativas aos juízes da Corte e aos membros da Comissão), Disposições Gerais e Transitórias (relativas à assinatura, ratificação, reserva, emenda, protocolo e denúncia) e Disposições Transitórias (para a candidatura e eleição dos juízes da Corte e dos membros da Comissão).

Para o funcionamento da Comissão e da Corte Interamericanas de Direitos Humanos, foram aprovados, mediante as Resoluções 447 e 448 adotadas pela

Assembléia Geral da OEA em seu Nono Período Ordinário de Sessões, celebrado em La Paz, Bolívia, em outubro de 1979, os respectivos estatutos.

4.1.3.2.3 Estatutos da Comissão e da Corte Interamericana de Direitos Humanos

No referido estatuto, regula-se, através de seus 24 artigos, a natureza e propósitos da Comissão Interamericana de Direitos Humanos, definindo-a como órgão da Organização dos Estados Americanos, criado para promover a observância e a defesa dos direitos humanos e servir como órgão consultor da Organização nesta matéria. Para as finalidades desse Estatuto, por direitos humanos entende-se:

a) os direitos definidos na Convenção Americana sobre Direitos Humanos relacionados com os Estados participantes da mesma;

b) os direitos consagrados na Declaração Americana de Direitos e Deveres do Homem, relacionados com os demais Estados membros.

A composição e a estrutura da Comissão se regula no artigo 2, pelo qual se estabelece o limite de sete membros, que deverão ser pessoas de alta autoridade moral e de reconhecida militância na área dos Direitos Humanos. A mencionada Comissão representa todos os Estados participantes da Organização, e seus membros serão eleitos pessoalmente pela Assembléia Geral da Organização, de uma lista de candidatos propostos pelos governos dos Estados participantes. Cada governo poderá propor até três candidatos, que sejam oriundos dos Estados que os propõem ou de qualquer outro Estado membro da Organização. O Secretário Geral preparará uma lista, por ordem alfabética, dos candidatos apresentados enviando-a aos Estados membros da Organização, pelo menos, trinta dias antes da próxima Assembléia Geral, para que a eleição dos membros da Comissão se dê entre os candidatos que figurem na lista. (Artigos 2-5)

Outras regras e proibições são estabelecidas a partir do artigo 7, com o qual se regula o regime e a composição dos membros da Comissão.

Regula-se a Sede e Reuniões a partir do artigo 16, dispondo-se que a Comissão terá sua sede em Washington, D.C., mas que poderá mudar e reunir-se no território de qualquer Estado americano, quando o decida por maioria absoluta de votos, e com a anuência ou o convite do governo respectivo, podendo reunir-se em sessões ordinárias e extraordinárias de conformidade com seu regulamento.

As atribuições e funções são regulamentadas pelo artigo 18, das quais se destacam as seguintes:

a) estimular a consciência dos direitos humanos nos povos da América;

b) formular recomendações aos governos dos Estados para que adotem medidas progressivas em favor dos direitos humanos, dentro do limite de suas legislações, de seus preceitos constitucionais e de seus compromissos internacionais, e, também, disposições apropriadas para fomentar o respeito a esses direitos;

c) preparar estudos ou informes que considere convenientes para o desempenho de suas funções;

d) solicitar que os governos dos Estados lhe proporcionem informes sobre as medidas que adotam em matéria de direitos humanos;

e) atender às consultas que, por meio da Secretaria Geral da Organização, lhe formule qualquer Estado membro sobre questões relacionadas aos direitos humanos nesses Estados e, dentro das possibilidades, prestar assessoria quando solicitada;

f) produzir um relatório anual para a Assembléia Geral da Organização, no qual se tenha conhecimento do regime jurídico aplicado nos Estados participantes na Convenção Americana sobre Direitos Humanos e nos Estados que não são participantes;

g) fazer observações num Estado com a anuência ou convite do respectivo governo, e

h) apresentar ao Secretário Geral a proposta de programa da Comissão para que ele o submeta à Assembléia Geral.

A partir do artigo 19, dispõe-se que, juntamente com os Estados participantes na Convenção Americana sobre Direitos Humanos, a Comissão exercerá suas funções de conformidade com as atribuições previstas naquela e no referido estatuto, tendo, além das atribuições assinaladas no artigo 18, as seguintes:

a) encaminhar as petições e outras comunicações de conformidade com o disposto nos artigos 44 a 51 da Convenção;

b) comparecer perante a Corte Interamericana de Direitos Humanos nos casos previstos na Convenção;

c) solicitar à Corte Interamericana de Direitos Humanos que tome medidas provisórias que considere pertinentes, em assuntos graves e urgentes, que ainda não foram submetidos ao conhecimento da referida Corte, quando se faça necessário para evitar danos às pessoas;

d) consultar a Corte acerca da interpretação da Convenção Interamericana sobre Direitos Humanos, ou de outros tratados sobre a proteção dos direitos humanos nos Estados americanos;

e) submeter à consideração da Assembléia Geral, projeto de protocolos adicionais à Convenção Interamericana sobre Direitos Humanos, com a finalidade de incluir, progressivamente, no regime de proteção da mesma, outros direitos e liberdades;

f) submeter à Assembléia Geral, para o estudo conveniente e através do Secretário Geral, propostas de emendas à Convenção Americana sobre Direitos Humanos.

Quanto aos serviços da Secretaria da Comissão, dispõe-se através do artigo 21, que ela estará a cargo de uma unidade administrativa especializada sob a direção de um Secretário Executivo e que esta unidade disporá de recursos e pessoal necessários para cumprir as tarefas que a Comissão a incumbir.

Por outro lado, no Estatuto da Corte Interamericana de Direitos Humanos, regula-se, entre outras coisas, a natureza e regime jurídico pelo qual se estabelece que a Corte Interamericana de Direitos Humanos é uma instituição judicial autônoma, cujo objetivo é a aplicação e interpretação da Convenção Americana e, além disso, a Corte exerce suas funções de conformidade com as disposições da citada Convenção e de Estatuto próprio. (Artigo 1)

No artigo 2, regulam-se a competência e funções, dispondo-se que a Corte exerce função jurisdicional e consultora, tendo sua sede em São José, Costa Rica, podendo, porém, reunir-se em qualquer Estado participante da Organização dos Estados membros da OEA, se a maioria de seus membros considerar conveniente e com a prévia aquiescência do respectivo Estado. A sede da Corte pode ser mudada com dois terços de votos dos Estados membros na Convenção, na Assembléia Geral da OEA.

A Corte é composta por sete juízes provenientes dos Estados membros da OEA, eleitos pessoalmente entre os juristas da mais alta autoridade moral e de reconhecida competência em matéria de direitos humanos, que reúnam as condições requeridas para o exercício das mais altas funções judiciais, conforme a lei do Estado do qual são provenientes ou do Estado que os apresente como candidato. Não pode haver mais de um juiz proveniente do mesmo país. (Artigo 4)

O mandato dos juízes é regulamentado pelo artigo 5, pelo qual os juízes são eleitos para um mandato de 6 anos e só podem ser reeleitos uma vez. O juiz reeleito deverá completar o mandato anterior. Os mandatos dos juízes serão contados a partir de primeiro de janeiro do ano seguinte ao de sua eleição e estender-se-ão até 31 de dezembro do ano em que completarão os mesmos.

São regulamentados, também, pelo artigo 6 e seguintes: a data da eleição dos juízes, candidatos, eleição e procedimento prévio, votação, os juízes ad hoc, juramento, estrutura da Corte, imunidades e privilégios, funcionamento etc.

Existe, também, um Protocolo adicional à Convenção Americana sobre Direitos Humanos em matéria de direitos econômicos, sociais e culturais (Protocolo de São Salvador), no qual se afirma o propósito de consolidar no Continente, um regime de liberdade pessoal e de justiça social, fundado no respeito aos direitos humanos essenciais. Nesse Protocolo adicional à Convenção Americana, estabelece-se a obrigação de adotar as medidas necessárias, por parte dos Estados membros do mesmo, tanto de ordem interna como mediante a cooperação de outros Estados, especialmente econômica e técnica, ao máximo dos recursos disponíveis e levando em conta o seu grau de desenvolvimento, a fim de alcançar progressivamente e de conformidade com suas legislações internas, a totalidade dos direitos humanos reconhecidos. Dispõe-se, assim, a obrigação de adotar disposições de direito interno, tais como: a obrigação de não discriminação, a não admissão de restrições no direito ao trabalho, direitos sindicais, direito à segurança social, direito à saúde, direito aos benefícios da cultura, à constituição e proteção à família, direito da infância, de proteção aos idosos, proteção dos inválidos etc.

Em suma, a Comissão Interamericana de Direitos Humanos se compõe de sete membros eleitos pela Assembleia Geral, por um período de quatro anos. Dentre suas competências inclui-se a recepção de petições contentivas de denúncias ou queixas de violação da Convenção por parte de qualquer pessoa ou grupo de pessoas ou entidade não governamental legalmente constituída nos Estados membros da Organização (art. 44). Pode, igualmente, receber denúncias de um Estado Parte contra outro Estado Parte (art. 45). A admissão da petição precisa do cumprimento de determinados requisitos, tais como, a interposição e esgotamento dos recursos da jurisdição interna (art. 46). Já, a Corte Interamericana, integrada por sete membros eleitos pelos Estados Partes e por um período de seis anos, tem competência consultiva (art. 64) e contenciosa; esta última requer a aceitação expressa de reconhecimento da mesma pelo Estado (art. 62). A decisão da Corte é definitiva e inapelável (art. 67) e os Estados Partes se comprometem a aceitá-la e a cumpri-la (art. 68). Somente os Estados Partes e a Comissão têm direito a submeter um caso à decisão da Corte (art. 61).

4.2 A lógica dos direitos humanos e fundamentais

Por lógica dos direitos humano queremos indicar as os processos intelectuais que condicionam o uso racional válido que nos permitem justificar que uma ação ou conduta é legitimada ou justificada com base nas normas de direitos humanos.

Cuidaremos, pois de uma questão espinhosa, mas importante que nos diz das razões ou motivos pelas quais, com base nos direitos humanos, consideramos uma conduta ou decisão correta.

Por esse motivo, devemos concordar com a ideia de que devido a sua e abstração (e relatividade), os direitos humanos e fundamentais podem ser usados para defender ou acusar alguém tendo como referência o mesmo ato, conduta ou decisão.

Certamente, pode parecer um paradoxo a tese de que nós podemos usar os direitos humanos para justificar o *bem* ou o *mal*. Mas, certamente, a realidade nos dita o contrário, pois, de fato, usando os direitos humanos como fundamento, podemos persuadir alguém de que uma conduta, fato histórico ou decisão é ou foi correta. Vamos a alguns exemplos.

Estudo de Casos n.1: Manifesto pela Liberdade de Expressão do Pensamento[6].

> As "Marchas da Maconha", como qualquer outra manifestação social reivindicatória ou de protesto, não trazem nenhum prejuízo ou risco para a sociedade. A sua proibição, sim, é um desastre para a democracia e para todos nós. Quando pretendemos protestar, defender idéias, manifestar dissenso, reivindicar, expressar opinião, temos todos o direito de sair às ruas e marchar com plena liberdade, sem qualquer coação, restrição ou censura. Afinal, como proclamava o Poeta da Liberdade, *"a praça é do povo, como o céu é do condor"*. É por isso que, recentemente, o Relator Especial sobre Liberdade de Expressão da CIDH afirmou que "marchas pacíficas de cidadãos em áreas públicas são demonstrações protegidas pelo direito à liberdade de expressão". O Estado Democrático de Direito pressupõe o debate aberto e público como forma de tornar visível a cidadania. Não é possível criar uma sociedade livre, justa e solidária sem que se garanta a liberdade de expressão. Impedir o exercício desse direito significa retirar dos cidadãos o controle sobre os assuntos públicos. O direito de reunião, que traz em seu bojo o direito de protestar e reivindicar, é de primeira grandeza e deve ser garantido a todas as pessoas, pois é o único que pode fazer valer os demais direitos fundamentais. Não há democracia sem a possibilidade de dissentir e de expressar o dissenso. Assim, é perfeitamente lícita, salutar e democrática a manifestação social daqueles que reivindicam a alteração de políticas públicas ou mesmo a revogação, a alteração ou a criação de leis. Portanto, é preciso respeitar a opinião daqueles que se manifestam pela descriminalização de determinadas condutas, como o porte de entorpecentes. E é absolutamente inaceitável, nestes dias de democracia, sob a égide das garantias fundamentais, lançar mão do controle social pela violência do sistema penal e de sua força policial para coibir a liberdade de pensamento, que não pode jamais ser confundida com "apologia a fato criminoso" [...].

No manifesto acima se evidencia um evidente conflito entre a liberdade de expressão que como direito humano positivo e bipartite objetiva garantir uma das liberdades do ser humano versus e a apologia ao crime tipificada no Código Penal vigorante. Eis um conflito de direito que somente uma Corte Superior foi capaz de pacificar decidindo pela supremacia da liberdade de expressão, assim considerada por ser considerada um direito humano e fundamental.

Certamente, para fazermos uso adequado da liberdade de escolha, explica Bauman (2013, p. 27, 111), precisamos estar conscientes do leque de possibilidades que

[6] O Manifesto encaminhado em 15/06/2011 a todos os ministros do STF e à imprensa. Disponível em: http://www.ajd.org.br/documentos_ver.php?idConteudo=75. Data de acesso: 25,01,2014.

oferece a convivência e o momento histórico em que temos de agir e o conjunto de ações alternativas dentre as quais escolher. E aqui radica a chamada fé em valores, aquela que nos possibilita melhorar as relações humanas.

Estudo de Casos n. 2: "Carta aos três poderes da República e ao Ministério Público Federal pelo cumprimento integral da sentença da Corte Interamericana de Direitos Humanos no caso GOMES LUND".[7]

Os cidadãos, as cidadãs e as entidades abaixo assinadas, diante da sentença condenatória do Estado Brasileiro proferida pela Corte Interamericana de Direitos Humanos no caso Gomes Lund e outros ("Guerrilha do Araguaia") vs. Brasil, no dia 24 de novembro de 2010, vêm manifestar à Presidente da República, ao Congresso Nacional, ao Supremo Tribunal Federal e ao Procurador-Geral da República que:

1. O Estado brasileiro não pode se eximir de cumprir nenhuma das obrigações fixadas na sentença. O País, no exercício de sua soberania, aderiu voluntariamente à Convenção Americana sobre Direitos Humanos e reconheceu como obrigatória a jurisdição da Corte Interamericana de Direitos Humanos. Tais atos foram praticados com estrita observância da Constituição Federal e são decorrência das normas constantes dos seus artigos 4º, inciso II; 5º, §§ 2º e 3º; bem como do artigo 7º do Ato das Disposições Constitucionais Transitórias.

2. Ora, conforme disposto no art. 68 da Convenção Americana de Direitos Humanos, "os Estados-Partes na Convenção comprometem-se a cumprir a decisão da Corte em todo caso em que forem partes". O Brasil figurou como réu no processo supramencionado, foi condenado pela Corte Interamericana de Direitos Humanos, e deve, portanto, cumprir integralmente essa decisão. Para deixar de cumpri-la, deverá denunciar a Convenção, protagonizando com isso o mais grave retrocesso do Continente em matéria de direitos humanos.

3. A Presidência da República, o Supremo Tribunal Federal, o Congresso Nacional e o Ministério Público Federal têm, pois, o dever de dar cumprimento integral e imediato a essa decisão da Justiça Internacional, a fim de evitar que o Brasil se torne um Estado fora-da-lei no concerto mundial das nações.

Portanto, inaugurando um estado de vigília, EXIGIMOS O INTEGRAL E IMEDIATO CUMPRIMENTO DA SENTENÇA DA CORTE INTERAMERICANA DE DIREITOS HUMANOS, com a investigação dos perpetradores de torturas, homicídios, desaparecimentos forçados e demais crimes contra a humanidade e a identificação e entrega dos restos mortais dos desaparecidos aos seus familiares.

No caso em questão observa-se um evidente conflito entre o Direito Internacional dos direitos Humanos e o Direito interno, pois, se por um lado o Brasil aderiu voluntariamente à Convenção Americana sobre Direitos Humanos e reconheceu como obrigatória a jurisdição da Corte Interamericana de Direitos Humanos, por outro internamente no país aconteceu um pacto nacional para a democracia, a partir do qual considerou-se correto não investigar, nem sancionar os perpetradores de torturas, homicídios, desaparecimentos forçados e demais crimes contra a humanidade e a identificação e entrega dos restos mortais dos desaparecidos aos seus familiares.

Mas, afinal, o que é certo e o que é errado?

---

[7] Informação disponível em: http://www.ajd.org.br/documentos_ver.php?idConteudo=72 Acesso em: 06,06,2015.

É difícil responder essa pergunta. Mas, se admitirmos que se o que é bom para mim evolve refletir sobre o que é bom para a comunidade na qual convivo, torna-se incontestável a tese de que a reflexão sobre o que é certo e errado inclui, também, a deliberação sobre é bom para a sociedade.

Assim, procuro entender o que é certo para mim em relação aos outros. A resposta para essa indagação está no sentido da nossa reflexão moral aquela que nos permite ir e vir do mundo das ações para o mundo da razão. Essa reflexão (deliberação) moral, segundo Sandel (2013, p. 38, 274), tem mais a ver com a interpretação da história da minha vida do que com o exercício da minha vontade. Ela envolve escolha, mas a escolha resulta da interpretação; ela não é um ato soberano de vontade: jamais poderei buscar o bem apenas como indivíduo. Eis, que o aspecto teleológico da reflexão (deliberação) moral está ligada à condição de membro pertencente ao grupo do qual faço parte. Por tanto, o que for bom para mim deve ser bom para alguém que pertence ao grupo no qual convivo.

A resposta é que a reflexão moral não é uma busca individual, e sim coletiva. Ela requer um interlocutor – um amigo, um vizinho, um camarada, um compatriota. Às vezes o interlocutor pode ser imaginário, como quando discutimos com nossa consciência. Não podemos descobrir o significado dos valores, e mais propriamente da justiça apenas por meio da introspecção. (SANDEL, 2013, p. 38)

Trata-se, pois, de encontrar um lugar comum que nos ajude a justificar os nossos julgamentos agindo em favor dos interesses de todos. Por esse caminho, ensina Sandel (2013, p. 309, 310), os governos não podem, não apenas, endossar uma concepção particular do bem; os cidadãos também não podem introduzir suas convicções morais e religiosas no debate público sobre justiça e direitos. Porque, se o fizerem, e se seus argumentos prevalecerem, eles estarão na verdade impondo a seus compatriotas uma lei fundamentada em uma determinada doutrina moral ou religiosa. Como podemos saber se nossos argumentos políticos atendem os requisitos da razão pública, devidamente despojado de qualquer fundamentação em conceitos morais ou religiosos? Devemos ou não adotar uma noção de neutralidade liberal?

Em verdade, a obrigação dos governos é definir, junto a seus representados, os valores e princípios que hão de balizar a vida boa e não impor um único código moral: é uma questão de decisão e de reconhecimento social.

Assim, para alcançar uma sociedade justa, precisamos raciocinar juntos sobre o significado da vida boa e criar uma cultura pública que aceite as divergências que inevitavelmente ocorrerão, pois, a justiça é invariavelmente crítica. Ora, se uma sociedade justa requer um raciocínio conjunto sobre a vida boa, resta, ainda, perguntar que tipo de discurso político nos conduziria nessa direção. (SANDEL, 2013, p. 322-323)

5
CONCRETIZAÇÃO DOS DIREITOS HUMANOS

Até aqui caracterizamos os direitos humanos como *direitos morais*, direitos do homem, necessários à convivência e modernamente garantidos nas legislações internacional e nacional. Dizemos então que, à fundamentalidade e à regulamentação normativa se segue a concretização, último elo do processo de produção e da lógica dos direitos humanos. Assim, no presente capítulo julgamos conveniente discutir, não só a fundamentalidade e a positivação dos direitos humanos, mas também, da sua concretização, fases nas quais o Estado e os Governos desempenham um papel importante.

5.1 Concretização dos direitos humanos

Assim como abordado do *capítulo 2*, especificamente no item *2.1*, seção que se refere às características dos Direitos Humanos, dissemos que eles podem ser concretizados e, de fato, podem e devem ser concretizados, pois nada vale o reconhecimento histórico e legal desses direitos se eles não são realizáveis. Mas, o que entendemos por concretização?

Pois bem, tratemos, então do assunto: Por "concretização" entendemos a efetivação dos direitos já consagrados nas legislações nacionais e internacionais. Assim, importa voltar o nosso olhar para a efetividade do direito ao invés de olhar para o seu caráter formal.

Como vimos, em matéria de direitos humanos e fundamentais estamos formalmente bem equipados, mas longe de tornar realizáveis todas as normas, princípios e regras vigorantes, quer no plano internacional quer no nacional.

Poder-se-ia, com efeito, afirmar que eles, os direitos humanos, são negligenciados e colocados a serviço de interesses políticos, raciais, classistas, motivo pelo qual autores tem a ousadia de negar a sua importância, afirmando uma dada Ilusão do Direitos Humanos.

Mas, segundo penso, os direitos humanos não são mercadorias políticas, portanto, eles não são instrumentos nas mãos de um grupo, um governante ou um partido político (mercadeo político ou mercancia ideológica). Aqui consideramos necessário distinguir governo de governantes. Consideramos ser o governo o conjunto de programas e projetos sociais que hão de ser aplicados e aperfeiçoados de acordo com os interesses (finalidades) e as necessidades da sociedade (conjunto de pessoas unidas por um interesse comum) e conforme às novas exigências e problemas. Os governantes (agentes públicos e políticos) passam e os governos (programas e projetos) ficam. Tais programas (projetos e políticas públicas) devem incluir o rol de direitos a serem considerados verdadeiros objeto de um processo de concretização pelos governantes nos diversos Estados, governos e nações.

A respeito do tema da concretização dos direitos humanos devemos concordar com Bobbio (2014, p. 23) que o problema fundamental em relação aos direitos do homem, hoje, não é tanto o de justificá-los, mas o de protege-los. Trata-se de um problema não filosófico, mas político. Nossa tarefa, hoje, é muito mais modesta, embora também mais difícil. Não se trata de encontrar o fundamento absoluto, mas de buscar, em cada caso concreto, os vários fundamentos possíveis. Em verdade, hoje, não se trata mais de saber qual é a natureza e o fundamento desse direito, se são direitos naturais ou históricos, absolutos ou relativos, mas sim qual é o modo mais seguro de garanti-lo, para impedir que, apesar das solenes declarações, eles sejam continuamente violados.

Poder-se-ia, facilmente, concordar com a ideia de que os Direitos Humanos, a partir de uma noção pós-moderna, devem conduzirmos a uma avaliação das nossas realidades nacionais, devido a que alguns países, assim penso, ainda não estão preparados para a sua concretização que, em verdade implica a sua assimilação gradual e a sua adaptação e edificação nas sociedades modernas que se sabem complexas.

Admitimos, pois, que os direitos humanos devem ser considerados o nosso lugar comum, o topo de todos os direitos que têm como única função a de nos fazer pensar os problemas sociais presentes e futuros: negar a sua importância seria voltar às cavernas, retroceder na história.

5.2 A positivação como condição da concretização dos direitos humanos

O tema da positivação, já vimos, pressupõe, a possibilidade de uma fundamentação normativa dos direitos humanos. Eis que, os direitos morais não positivados são excluídos do processo de institucionalização, de exigência e concretização, sendo esta última e importante etapa considerada uma utopia, uma ilusão. É assim certamente ganha um extraordinário valor o estudo da norma de direito fundamental.

5.2.1 A norma de direito fundamental

Ao explicar os "direitos humanos" ou "direitos do homem", os autores, necessariamente, fazem referência ao conceito de "norma" ou de "obrigação". Deve-se concordar com a ideia de que a concepção do "direito", como figura deôntica, implica "obrigação" e esta dualidade tem um sentido preciso somente na linguagem normativa. Por esse motivo, ensina Bobbio (2004, p. 7), "não há direito sem obrigações; e não há nem direito nem obrigação sem uma norma de conduta".

Robert Alexy (2011, p. 50), acerca desta relação, por exemplo, considera que:

> Entre o conceito de norma de direito fundamental e o conceito de direito fundamental há estreita conexões. Sempre que alguém tem um direito fundamental, há uma norma que garante esse direito. Se a recíproca é verdadeira, isso já é duvidoso. Ela não é verdadeira quando há normas de direitos fundamentais que não outorgam direitos subjetivos. Seria possível responder à pergunta acerca da existência desse tipo de normas por meio da definição segundo a qual são consideradas como normas de direitos fundamentais somente as normas que outorgam direitos fundamentais. Direitos fundamentais e normas de direitos fundamentais seriam, assim, sempre dois lados da mesma moeda. Para uma teoria relacionada ao direito positivo tal caminho não é, contudo, recomendável.

Para o senso comum o conceito "norma" representa aquilo que se estabelece como base ou medida para a consecução de uma finalidade: prescrição, orientação ou correção de uma atividade ou conduta. Consideramos, assim, que a norma jurídica seja a medida que usamos para ordenar a conduta individual e coletiva em sociedade. Ela, a norma jurídica, se distingue de outras normas sociais: morais, de etiqueta, de jogo etc. dentre outros aspectos, por seu caráter coercitivo e sua sanção evidente, pois elas obrigam desde que sejam objetivadas ou expressas em proposições escritas, na forma de princípios e regras.

Com efeito, a norma baliza todo o sistema jurídico vigorante. Desta forma, explica Norberto Bobbio (2001, p, 25):

> estudar uma civilização do ponto de vista normativo significa, afinal, perguntar-se quais ações foram, naquela determinada sociedade, proibidas, quais ordenadas, quais permitidas, significa, em outras palavras, descobrir a direção ou as direções fundamentais em que se conduzia a vida de cada indivíduo.

Não há dúvida de que a norma é um instrumento de realização dos valores e de resolução de conflitos. "Poder-se-á dizer que não há uma norma jurídica que não deva sua origem a um fim, a um propósito, a um motivo prático. O propósito, a finalidade consistem em produzir, na realidade social, determinados efeitos que são desejados por serem valiosos, justos, convenientes, adequados à subsistência de uma sociedade". Ela se objetiva por meio de proposição jurídica (dispositivos ou regras), portanto, quando objetivada elas se tornam evidentes, podem ser estudadas, pesquisadas, atualizadas ou revogadas. Eis porque se afirma que "a norma jurídica se encontra no mundo dos objetos reais, é um objeto real suscetível de vivência empírica". (DINIZ, 1996, p. 24)

Noutro sentido, ensina Humberto Ávila (2009, p. 30), que a norma jurídica é o resultado da interpretação e, portanto, é produto da integração do Direito,

> Normas não são textos nem o conjunto deles, mas o sentido construído a partir da interpretação sistemática de textos normativos. Daí se afirma que os dispositivos se constituem no objeto da interpretação; e as normas, o seu resultado. O importante é saber da existência de correspondência entre norma e dispositivo, o sentido de que sempre que houver um dispositivo haverá uma norma, ou sempre que houver uma norma deverá haver um dispositivo que lhe sirva de suporte. Em alguns casos há norma, mas não há dispositivo. Assim, por exemplo, quando pensamos nos princípios de segurança jurídica e na certeza do Direito. Há norma, mesmo sem dispositivos específicos que lhes dêem suporte físico. Em outros casos, há dispositivo, mas não há norma.

É absolutamente certo que as proposições escritas (os dispositivos) são as bases objetivas (premissas) que adotam diferentes formas ou figuras jurídicas, a saber, princípios e regras. Aprendemos, assim, que os valores e as normas se objetivam (expressam) em princípios e regras. Assim, olhando a ordem normativa, não faltam os que, nesta escala, consideram os princípios como normas superiores.

No caso específico dos direitos fundamentais, o conceito de norma compartilha de todos os problemas que dizem respeito ao conceito de norma. Assim, normas de direitos fundamentais são aquelas normas que são expressas por disposições de direitos fundamentais; e disposições de direitos fundamentais são os enunciados presentes no texto da Constituição, e somente esses enunciados. (ALEXY, 2011, p. 51-52, 65)

Em verdade os direitos do homem se objetivam por meio de texto escrito: normas, princípios e regras. Veja-se que as primeiras declarações de direitos assumiram, inicialmente, a forma de proclamações: verdadeiros veículos para a viabilização de direitos.

Posteriormente, tais direitos passaram a formar parte do preâmbulo das constituições, especialmente na França. Hodiernamente, ainda que tais direitos continuem sendo objetivados nos documentos internacionais nas formas de declarações, nos ordenamentos nacionais (constituições) se expressam na forma de normas jurídicas.

Quanto à natureza jurídica das normas que disciplinam os direitos e garantias fundamentais, afirma Alexandre de Moraes (1998, p. 42),

> São direitos constitucionais na medida em que se inserem no texto de uma Constituição cuja eficácia e aplicabilidade dependem muito de seu próprio enunciado, uma vez que a Constituição faz depender de legislação ulterior a aplicabilidade de algumas normas definidoras de direitos sociais, enquadrados dentre os fundamentais. Em regra, as normas que consubstanciam os direitos fundamentais democráticos e individuais são de eficácia e aplicabilidade imediata. A própria Constituição Federal, em uma norma-síntese, determina tal fato dizendo que as normas definidoras dos direitos e garantias fundamentais têm aplicação imediata (CF, art. 5º, § 1º). Essa declaração pura e simplesmente por si não bastaria se outros mecanismos não fossem previstos para torná-la eficiente (por exemplo, mandado de injunção e iniciativa popular).

Na Constituição Federal de 1988, por exemplo, os direitos e garantias fundamentais, subdividem-se em cinco capítulos: *direitos individuais e coletivos, direitos sociais, nacionalidade, direitos políticos e partidos políticos.* Neste sentido e, conforme à classificação reservam-se cinco espécies ao gênero direitos e garantias fundamentais (MORAES, 1998, p. 43). Vejamos:

a) direitos individuais e coletivos, que corresponde aos direitos diretamente ligados ao conceito de pessoa humana e de sua própria personalidade, como, por exemplo: vida, dignidade, honra, liberdade, previstos no art. 5º constitucional;

b) direitos sociais, que são verdadeiras liberdades positivas, de observância obrigatória em um Estado Social de Direito, tendo por finalidade a melhoria das condições s de vida aos hipossuficientes, visando à concretização da igualdade social, que configura um dos fundamentos de todo Estado Democrático;

c) direito de nacionalidade, diz-se do vínculo jurídico político que liga um indivíduo a um certo e determinado Estado, fazendo deste indivíduo um componente do povo;

d) direitos políticos, como conjunto de regras que disciplina as formas de atuação da soberania popular, conforme prescrito no parágrafo único do art. 1º da CF: "*Todo o poder emana do povo, que o exerce por meio de representantes eleitos ou diretamente, nos termos desta Constituição*";

e) direitos relacionados à existência, organização e participação em partidos políticos, assim como prescrito na CF, objetivando a preservação do Estado Democrático de Direito.

Vê-se, igualmente que os direitos sociais abrangem tanto direitos (posições ou poderes) as prestações (positivos) quanto direitos de defesa (direitos negativos ou ações negativas), partindo-se aqui do critério da natureza da posição jurídico-subjetiva reconhecida ao titular do direito, bem como da circunstância de que os direitos negativos (notadamente os direitos à não intervenção na liberdade pessoal e nos bens fundamentais tutelados pela Constituição) apresentam uma dimensão "positiva" (já que sua efetivação reclama uma atuação positiva do Estado e da sociedade), ao passo que os direitos a prestações (positivos) fundamentam também posições subjetivas "negativas", notadamente quando se cuida de sua proteção contra ingerências indevidas por parte dos órgãos estatais, de entidades sociais e também de particulares. (SARLET, 2010, p. 16)

Para compreender a objetividade jurídica da norma de Direito Fundamental, é mister caracterizar seu objeto (o que se regula), seu sentido (ou função) e seu alcance.

Significa conhecer o *objeto de regulação*, o *sentido* e o *alcance* do dispositivo legal. Vamos um exemplo:

1 *Objeto* (matéria, assunto): "elemento subjetivo ou objetivo de uma relação jurídica", "titular de um direito", "instituto jurídico", "hipótese jurídica" etc.;

2 *Sentido* (propósito, objetivo): "definição legal", "tutela ou prescrição de um direito"; "prescrição de uma situação jurídica" "prescrição de uma consequência ou

sanção" (interdição, obrigação ou responsabilidade), "prescrição de requisitos e procedimentos" etc.

3 *Alcance* (limite que se pretende atingir): destinatários da norma.

Em suma, as normas de direito fundamental têm como função "reduzir a ação do Estado aos limites impostos pela Constituição". (QUIROGA, *apud*, MORAES, 1998, p. 47)

5.2.2 A titularidade dos direitos fundamentais

Resta-nos ainda cuidar da titularidade dos Direitos Fundamentais, assunto que, também, não está isento de divergências doutrinárias.

As divergências quanto à titularidade dos Direitos Fundamentais começam pela noção do sentido e do alcance do direito. É preciso lembrar que o direito, incluem-se aqui os direitos fundamentais, são pensados para uma coletividade. Nesse sentido, ensina Luis Diez-Picazo (1995, p. 40) "parece claro que todas as normas jurídicas procuram buscar um interesse de tipo geral, sem prejuízo de que também possam contemplar assuntos de interesses particular, pelos quais tenta-se achar um ponto de equilíbrio". É com base nessa conclusão que podemos afirmar que os direitos fundamentais são direitos *de* todos (gerais) e *para* (pensados) todos.

O que geralmente aprendemos em sala de aula é que todo direito envolve uma relação jurídica, na qual necessariamente podemos e devemos indicar os sujeitos que dela participam, a saber, sujeito ativo (que pode exigir) e sujeito passivo (quem deve cumprir).

Mas, certamente, há casos de direitos fundamentais de cunho coletivo, cuja titularidade não é claramente definida. Todavia, todos esses direitos convergem para um Direito futuro ou futuro Direito, um direito convergente de tipo social ou *socializador*. Diz-se de uma importante discussão que Dimitri Dimoulis (2011, p. 53) denomina de "direitos das gerações futuras, dos animais e da natureza", e ou digo, do Planeta.

Outra observação, ao menos importante, é o equívoco que gera a interpretação restritiva e literal na norma constitucional, da qual deriva o entendimento de que "a Constituição Federal garante os direitos fundamentais a determinadas categorias de pessoas, excluindo implicitamente os demais" (DIMOULIS, 2011, p. 76, 83, 86), sendo que, "cada categoria de direitos possui titulares diferentes". A respeito dessa interpretação restritiva e literal colocam-se como exemplo os seguintes:

a) somente brasileiros e estrangeiros residentes no País gozam do direito à vida, à liberdade, segundo o caput do art. 5º da CF;

b) a titularidade dos direitos sociais (art. 6º da CF: direito à educação, à educação, à alimentação, ao trabalho, à moradia, ao lazer, à segurança e à previdência) não é reconhecida a todos, mas tão somente às pessoas que necessitam prestação estatal para satisfazer sua respectiva necessidade. Logo, aquele que pode se alimentar utilizando recursos próprios ou de sua família não pode reivindicar do Estado prestações materiais ou em dinheiro para tanto;

c) os direitos enunciados nos arts. 7º a 9º e no art. 11 da CF são direitos dos trabalhadores urbanos e rurais etc.

Aliás, continua Dimitri Dimoulis (2011, p. 85-86) a própria Constituição Federal referiu-se à titularidade de muitos destes direitos com termos universalizantes em outros artigos (saúde: "todos", art. 196; assistência social: "quem dela necessitar", art. 203; educação: "todos", art. 205).

Todos somos cidadãos: todos almejamos construir uma sociedade justa e solidaria. Nossa preocupação, portanto, é abordar os direitos fundamentais como direitos do homem. Logo, independentemente destas chamadas restrições da titularidade, os direitos fundamentais, assim como qualquer direito tem um alcance geral.

A interpretação restritiva e limitada da CF justifica a impossibilidade de reclamar do Estado (e suas instituições) a responsabilidade que deriva, por exemplo, do sistema educacional falido e deficiente. A concepção restritiva da titularidade justifica, erroneamente, a ideia de que quem tem condições e possibilidade de pagar um plano de saúde, uma escola (ou universidade) ou segurança privada não tem direitos à saúde, à educação, à segurança, pois não são titulares de direitos fundamentais.

Logo, quando se fala em direitos fundamentais indicam-se aqueles que a esmagadora maioria da humanidade não possui de fato (ainda que sejam solene e repetidamente proclamados). (BOBBIO, 2004, p. 9)

Coloca-se, assim, o excesso de poder por parte dos órgãos do Estado, dos agentes econômicos e instituições não governamentais como razão principal dos Direitos Humanos e Fundamentais.

Em suma, a questão da titularidade dos direitos fundamentais, por serem direitos humanos positivados, enfrenta como único limite a sua vigência territorial e temporal.

5.2.3 A eficácia dos direitos fundamentais

O conceito "eficácia", assim como o de "efetividade", é por si só, vago. (CAPPELLETTI, 1998, p. 15)

A compreensão da eficácia dos direitos fundamentais convida a mergulhar nas perspectivas de interpretação normativa:

1 Pesquisa (jusfilosófica): Critérios de justiça, validade e eficácia social (acadêmica: interpretação científica).

2 Aplicação (realista e sociológica): Aplicação de resolução de conflito de interesse (interpretação Judicial).

3 Integração (representativa): Critério de defesa dos interesses individuais (representação do advogado) e coletivos (participação dos Órgão de Defesa do Consumidor).

Neste contexto os conceitos em estudo, a saber, validade, aplicabilidade e eficácia social continuam, no plano metodológico, a auxiliar na análise ou no estudo acerca da concretização dos direitos fundamentais e sociais.

Conforme explica Ingo Wolfgang Sarlet (2010, p. 13-14), a promulgação da Constituição Federal fez possível o debate em torno dos direitos fundamentais e da eficácia social (efetividade) que os mesmos alcançam no cotidiano das pessoas. Eis um tema que não perdeu atualidade, mas, pelo contrário, lamentavelmente continua a ocupar a pauta dos grandes desafios para o Estado e a sociedade. Contudo, a judicialização crescente das mais diversas demandas sociais, notadamente no que diz com a concretização do direito à saúde e à moradia vem cobrando uma ação cada vez mais arrojada por parte dos aplicadores do Direito, em especial do Estado-Juiz, que frequentemente é provado a se manifestar sobre questões antes menos comuns, com a alocação de recursos públicos.

Para o citado autor, não parecem subsistir dúvidas a respeito da distinção entre a vigência (existência e/ou validade) e a eficácia, seja qual for o sentido que a esta última se vá atribuir. Partindo desta premissa e conscientes de que entre a vigência e a eficácia da norma constitucional existe uma correlação dialética de complementaridade é preciso clarificar em que sentido pretendemos valer-nos da expressão "eficácia", ressaltando que esta costuma ser vinculada à noção de aplicabilidade das normas jurídicas. Por outro lado, corrente a distinção entre as noções de eficácia jurídica e social, identificando-se esta última com o conceito de efetividade. Neste sentido, há que distinguir entre a eficácia social da norma (sua real obediência e aplicação no plano dos fatos) e a eficácia jurídica que radica na qualidade de produzir efeitos jurídicos, ao regular as situações, relações e comportamentos nela indicados; nesse sentido a eficácia diz respeito à aplicabilidade, exigibilidade ou executoriedade da norma, como possibilidade de sua aplicação jurídica. (SARLET, 2007, p. 247-248)

A eficácia jurídica, ensina Ana Paula de Barcellos (2008, p. 73), é um atributo associado aos enunciados normativos e consiste naquilo que se pode exigir, juridicamente se necessário. Obviamente exige-se diante do Poder Judiciário exatamente o efeito que o comando normativo pretende produzir e as condutas que o realiza e que, por qualquer razão, não vieram a acontecer espontaneamente.

A eficácia jurídica consiste na possibilidade (no sentido de aptidão) de a norma vigente (juridicamente existente) ser aplicada aos casos concretos e de, na medida de sua aplicabilidade, gerar efeitos jurídicos, ao passo que a eficácia social (ou efetividade) pode ser considerada como englobando tanto a decisão pela efetiva aplicação da norma (juridicamente eficaz), quanto o resultado concreto decorrente, ou não, desta aplicação. (SARLET, 2007, p. 249)

Conforme lemos na doutrina constitucional brasileira, todas as normas constitucionais são dotadas de eficácia. Neste sentido, o termo "eficácia", explica Ingo Wolfgang Sarlet (2007, p. 245), engloba indubitavelmente uma múltipla gama de aspectos passíveis de problematização e análise. A controvérsia alcança inclusive a própria utilização do termo eficácia, bem como os diversos sentidos que a este podem ser imprimidos. Desde já mesmo da opção temática efetuada, centrar-nos-emos na problemática da eficácia dos direitos fundamentais próprios da Constituição de 1988. Desta forma, como indica o citado autor a doutrina nacional tem distinguido a vigência de eficácia, situando-as em planos diferenciados. A vigência consiste na qualidade da norma que a faz existir juridicamente, tornando-a de observância obrigatória, de tal sorte que vigência constitui verdadeiro pressuposto da eficácia, na medida em que apenas a norma vigente pode vir a ser eficaz. Todavia, importa não esquecer a íntima correlação entre as noções de vigência e validade, havendo quem defina a validade da norma como uma qualidade decorrente do cumprimento regular (no sentido de conforme ao ordenamento jurídico) de seu processo de formação, identificando, neste sentido, a validade com a própria existência da norma.

Autores como Michel Temer (2010, p. 25) consideram que algumas normas são dotadas de eficácia jurídica e eficácia social outras, apenas de eficácia jurídica. A eficácia social se verifica na hipótese de a norma vigente, isto é, como potencialidade para regular determinadas relações, ser efetivamente aplicada a casos concretos. Eficácia jurídica, por sua vez, significa que a norma está apta a produzir efeitos na ocorrência de relações concertas, mas já produz efeitos jurídicos na medida em que a sua simples edição resulta na revogação de todas as normas anteriores que com ela conflitam.

Norberto Bobbio (BOBBIO, 2001, p. 45 - 52) sustenta a ideia de que o problema da *eficácia* de uma norma é o problema de ser ou não seguida pelas pessoas a quem é dirigida (os chamados destinatários da norma jurídica) e, no caso de violação, ser imposta através de meios coercitivos pela autoridade que a evocou. A investigação para averiguar a eficácia ou ineficácia de uma norma é de caráter histórico-sociológico, se volta para o estudo do comportamento dos membros de um determinado grupo social e se diferencia, seja da investigação tipicamente filosófica em torno da justiça, seja da tipicamente jurídica em torno da validade. Pode-se dizer que o problema da eficácia das regras jurídicas é o problema *fenomenológico* do direito. Em verdade, explica Bobbio, o problema da eficácia nos leva ao terreno da aplicação das normas jurídicas, que é o terreno dos comportamentos efetivos dos homens que vivem em sociedade, dos seus interesses contrastantes, das ações e reações frente à autoridade, dando lugar às investigações em torno da vida do direito, na sua origem, no seu desenvolvimento, na sua modificação, investigações estas que normalmente são conexas a indagações de caráter histórico e sociológico. Daí nasce aquele aspecto da filosofia do direito que conflui para a *sociologia jurídica*.

Assim, quanto à sua eficácia, as normas constitucionais são classificadas da seguinte maneira:

a) Normas constitucionais de eficácia jurídica plena são normas de aplicabilidade imediata, direta, integral, independentemente de legislação posterior para sua inteira operatividade;

b) Normas constitucionais de eficácia jurídica contida são aquelas que têm aplicabilidade imediata, integral, direta, mas que podem ter o seu alcance reduzido pela atividade do legislador infraconstitucional. Diz-se das normas com eficácia redutível ou restringível;

c) Normas constitucionais de eficácia limitada são aquelas que dependem da emissão de uma normatividade futura, a que apresentam aplicabilidade indireta, mediata e reduzida, pois somente incidem totalmente após normatividade ulterior que lhes dê aplicabilidade. Usam-se, assim, as expressões "a lei regulará", ou "a lei disporá", ou ainda "na forma da lei", ficando evidente que a vontade constitucional não está integralmente composta. Todavia, integrada a esta classificação subdividem-se as normas em: normas de princípio institutivo (aquelas que dependem de lei para dar corpo às instituições, pessoas e órgãos previstos na Constituição) e normas de Princípio Programático (aquelas que estabelecem programas a serem desenvolvidos mediante legislação integrativa da vontade constituinte).

Conforme ensinamentos de Sérgio Iglesias Nunes (2008, p. 132-133), por exemplo, a doutrina clássica alusiva às normas constitucionais referentes aos direitos proclamados no art. 6º da Constituição Federal de 1988 classifica-as quanto a seu grau de eficácia, no sentido de sua aplicabilidade e efetividade, como sendo limitadas, mediatas e reduzidas e tidas como normas de cunho programático, nas quais se tem, por muitas das vezes, verificado a inexistência de sua aplicação, sob a justificativa de faltar-lhes condições para aplicação imediata, necessitando-se de legislação infraconstitucional para que sua eficácia produz, ou de programas a serem implementados ou de criação de órgãos pelo Estado. Todavia, mesmo aqueles doutrinadores que consideram algumas normas com de cunho programático admitem a quebra do entendimento de que elas seriam meros enunciados ou até mesmo "promessas", a ponto de não reconhecer mais a existência de normas programáticas.

Em suma, todas as normas constitucionais sempre são dotadas de um mínimo de eficácia, no caso dos direitos fundamentais, pode afirmar-se que aos poderes públicos incumbem a tarefa e o dever de extrair das normas que os consagram a maior eficácia possível, outorgando-lhes, neste sentido, efeitos reforçados relativamente às demais norma constitucionais. Não há como desconsiderar a circunstância de que a presunção da aplicabilidade imediata e plena eficácia que milita em favor das normas constitucionais. (SARLET, 2007, p. 285)

5.2.3.1 Efeitos dos direitos fundamentais

O tema dos efeitos diz do vínculo gerado pelos direitos fundamentais, questão que também não menos controversa.

Certamente, é precisamente graças à sua aplicabilidade ampla que os direitos constitucionais (fundamentais) exercem um "efeito irradiante" sobre todo o sistema jurídico. Neste sentido, os direitos constitucionais (e fundamentais) tornam-se onipresentes. (ALEXY, 2003, p. 131-40)

5.2.3.1.1 Efeitos vertical

Em verdade, os direitos fundamentais vinculam, direta e indiretamente, todas as autoridades do Estado: nesse conceito se incluem os três poderes conhecidos: o legislativo, o executivo e o judiciário, razão pela qual "os titulares dos direitos não precisam aguardar autorização, concretização ou outra determinação estatal para poder exercer seus direitos fundamentais". Diz-se, assim, por exemplo, da obrigação do legislador de cumprir seu dever de regulamentação, do dever dos tribunais de decidir e obrigar a respeitar as disposições e de suprir suas lacunas por meio do controle de constitucionalidade. Inclui-se aqui a responsabilidade do Estado por danos materiais ou morais causados pela omissão ou descumprimento do dever de regulamentação. Por esse motivo, os direitos fundamentais vinculam o poder do Estado garantindo, mediante supremacia da Constituição, que nenhuma autoridade estatal, nem mesmo o Poder

Legislativo, desrespeite os direitos dos indivíduos. Eis o efeito vertical dos direitos fundamentais que repercute nas relações caracterizadas pela desigualdade entre o cidadão (inferior) e o Estado (superior). (DIMOULIS, 2011, p. 96-99, 103)

Em verdade, o efeito das normas de direito fundamental pode ser chamado de "prestacional" quando a sua influência se limita à relação Estado/cidadão. Nesse caso, as normas de direitos fundamentais influenciam o sistema jurídico na medida em que afetam a relação jurídica entre o Estado e os cidadãos, sob a forma de direitos subjetivos em face do legislador, do Poder Executivo e do Judiciário. Aqui os direitos fundamentais dirigem-se contra o Estado. Fala-se, assim, da teoria dos efeitos indiretos citada no nível do dever estatal, isto é, do fato de as normas de direitos fundamentais valerem como princípios objetivos (ordem objetiva de valores) para todos os ramos do direito implica que o Estado tem o dever de levá-las em consideração. (ALEXY, 2011, p. 533)

5.2.3.1.2 Efeitos horizontal

Como efeito horizontal considera-se a relação cidadão/cidadão, ou seja, o efeito perante terceiros ou efeito horizontal. Diz-se que as normas de direitos fundamentais produzem efeitos na relação cidadão/cidadão e, nesse sentido, trata-se de uma relação entre titulares de direitos fundamentais. Diz-se, por exemplo, do sistema de direito privado que envolve violações cometidas por um cidadão a bens de direitos fundamentais de outro cidadão. (ALEXY, 2011)

Nessa relação horizontal da qual participam os próprios sujeitos componentes das relações socioeconômicas e jurídicas se observam potenciais agressões aos direitos fundamentais, razão pela qual, o Estado (gerente) também há de intervir, criando dispositivos que cuidem e tutelem tais relações, a exemplo do Código de Defesa do Consumidor Brasileiro (CDC) e do Código Penal (CP) etc. por meio dos quais se estabelecem sanções, administrativas e penais. *Verbi gratia*:

> **CDC:**
> Art. 37. É proibida toda publicidade enganosa ou abusiva.
> § 1° É enganosa qualquer modalidade de informação ou comunicação de caráter publicitário, inteira ou parcialmente falsa, ou, por qualquer outro modo, mesmo por omissão, capaz de induzir em erro o consumidor a respeito da natureza, características, qualidade, quantidade, propriedades, origem, preço e quaisquer outros dados sobre produtos e serviços.
> § 2° É abusiva, dentre outras a publicidade discriminatória de qualquer natureza, a que incite à violência, explore o medo ou a superstição, se

> aproveite da deficiência de julgamento e experiência da criança, desrespeita valores ambientais, ou que seja capaz de induzir o consumidor a se comportar de forma prejudicial ou perigosa à sua saúde ou segurança.
> § 3° Para os efeitos deste código, a publicidade é enganosa por omissão quando deixar de informar sobre dado essencial do produto ou serviço.
> [...]
> Art. 61. Constituem crimes contra as relações de consumo previstas neste código, sem prejuízo do disposto no Código Penal e leis especiais, as condutas tipificadas nos artigos seguintes.
> [...]
> Art. 67. Fazer ou promover publicidade que sabe ou deveria saber ser enganosa ou abusiva:
> Pena Detenção de três meses a um ano e multa.
> Parágrafo único.
> Art. 68. Fazer ou promover publicidade que sabe ou deveria saber ser capaz de induzir o consumidor a se comportar de forma prejudicial ou perigosa a sua saúde ou segurança:
> Pena - Detenção de seis meses a dois anos e multa:
> [...]
>
> **CP:**
> **DOS CRIMES CONTRA O SENTIMENTO RELIGIOSO**
> **Ultraje a culto e impedimento ou perturbação de ato a ele relativo**
> Art. 208 - Escarnecer de alguém publicamente, por motivo de crença ou função religiosa; impedir ou perturbar cerimônia ou prática de culto religioso; vilipendiar publicamente ato ou objeto de culto religioso:
> Pena - detenção, de um mês a um ano, ou multa.
> Parágrafo único - Se há emprego de violência, a pena é aumentada de um terço, sem prejuízo da correspondente à violência.

Isso significa que, "além do dever de observar a esfera de liberdade individual garantida pelo direito fundamental, o Estado tem o dever de proteger os direitos contra agressões oriundas de particulares". (DIMOULIS, 2011, p. 103)

5.2.4 Dimensões subjetivas e objetivas

Os direitos fundamentais revelam uma *dupla perspectiva*. Eles podem ser considerados tanto como *direitos subjetivos individuais*, quanto elementos objetivos fundamentais da comunidade. Ambas as dimensões constituem, sem dúvidas, uma das mais relevantes formulações do direito constitucional contemporâneo, de modo especial no âmbito da dogmática dos direitos fundamentais. Trata-se, pois, de uma importante função atribuída aos direito fundamentais e desenvolvida com base na existência de um dever geral de efetivação atribuído ao Estado, por sua vez agregado à perspectiva objetiva dos direitos fundamentais, diz com o reconhecimento de deveres de proteção do Estado, no sentido de que a este incumbe zelar, inclusive preventivamente, pela proteção dos direitos fundamentais dos indivíduos no somente contra os poderes públicos, mas também contra agressões provindas de particulares e até mesmo de outros

Estados. Esta incumbência, por sua vez, desemboca na obrigação de o Estado adotar medidas positivas da mais diversa natureza (por exemplo, por meio de proibições, autorizações, medidas legislativas de natureza penal etc.), com o objetivo de proteger de forma efetiva o exercício dos direitos fundamentais. (SARLET, 2007, p. 174-175)

O tema das dimensões subjetivas e objetivas também está ligado à questão da função e da titularidade. Assim, explica Dimitri Dimoulis (2011, p. 117-118) que a dimensão subjetiva corresponde ao *status* negativo, isto é, ao direito de seu titular de resistir à intervenção estatal em sua esfera de liberdade individual, pois o Estado possui a obrigação negativa de não fazer alguma coisa, não intervindo na esfera individual, salvo se houver legitimação ou justificação constitucional. Já, a dimensão objetiva define-se como aquela cuja percepção independe de seus titulares, isto é, dos sujeitos de direito. Diz-se de uma dimensão que ofereceria critérios de controle da ação estatal e pela qual as autoridades estatais devem interpretar e aplicar todo o direito infraconstitucional, de modo consoante às normas e princípios constitucionais. Assim, conclui o citado autor, quando o aplicador do direito está diante de várias interpretações possíveis de uma norma infraconstitucional, deve escolher aquela que melhor se coadune às prescrições dos direitos fundamentais.

A anterior afirmação nos obriga a concordar com a ideia de que os direitos fundamentais têm uma condição supranormativa por estarem situado na cúspide da pirâmide construída pelos demais direitos. Nossa preocupação, portanto, é abordar se os Direitos Fundamentais representam os limites dos demais direitos ou se existem uma condição externa que lhes sirva de limites.

5.2.5 Limites dos direitos fundamentais

Os direitos do homem, quando positivados na forma de direitos fundamentais passam a adquirir uma ordem de validade particular ou específica. Neste sentido, afirma Ingo Sarlet (2010, p. 19), uma dada concepção de direitos fundamentais somente pode ser obtida com relação a uma ordem constitucional concreta, pois o que é fundamental para uma sociedade pode não o ser para outra. Isto não afasta a necessidade de se considerar a o caráter universal de certas categorias, por causa do caráter fundamental dos valores, como é o caso da Vida e da Dignidade da Pessoa humana.

Todavia, os direitos fundamentais não podem ser utilizados como um escudo a práticas imorais e ilícitas, nem tampouco como argumento para afastamento ou diminuição da responsabilidade jurídica. Logo, tais direitos são limitados pelos demais direitos igualmente consagrados na CF. (MORAES, 1998, p. 46)

5.2.6 Colisões de direitos fundamentais

Podem os direitos fundamentais colidir? A resposta é sim.

Há colisão de direitos fundamentais quando o exercício de um desses direitos entra em conflito com outro ou com outros preceitos constitucionais (bens jurídico-constitucionais). Assim, por exemplo, a desapropriação que objetiva garantir os direitos fundamentais dos sem-terra conflita com o direito à propriedade, também garantido constitucionalmente. No mesmo sentido, a proibição de publicar determinadas fotografias se funda na necessidade de proteger a privacidade e o direito à imagem em quanto direitos fundamentais. (DIMOULIS, 2011, p. 161)

Isso significa que a colisão de direitos fundamentais é possível e se funda no conflito de interesses próprios de seus titulares, que se sabem tutelados pelas normas, princípios e regras jurídicas.

Resumidamente podemos fixar o seguinte: os Direitos Fundamentais juridicamente se expressam em normas princípios e regra e tais construtos podem colidir. Com frequência, afirma Robert Alexy (2011, p. 87), não são regra e princípios, mas norma e princípio ou norma e máxima, que são contrapostos. Importa, assim, reunir regras e princípios sob o conceito de norma. Daí que, tato regras quanto princípios são normas, porque ambos dizem o que deve ser. Por esse motivo, a teoria dos direitos humanos e fundamentais há de se ocupar com essa distinção.

Conforme explica Robert Alexy (2011, p. 85), para a teoria dos direitos fundamentais, a mais importante delas é a distinção entre regras e princípios. Essa distinção é a base da teoria da fundamentação no âmbito dos direitos fundamentais e uma chave para a solução de problemas centrais da dogmática dos direitos fundamentais. Sem ela não pode haver nem uma doutrina satisfatória sobre colisões, nem uma teoria suficiente sobre o papel dos direitos fundamentais no sistema jurídico. Neste sentido, a distinção entre regras e princípios é uma das colunas-mestras do edifício da teoria dos direitos fundamentais e um ponto de partida para a resposta à pergunta acerca da possibilidade e dos limites da racionalidade no âmbito dos direitos fundamentais.

As normas de direito fundamental podem ser vagas e abertas à interpretação. Assim, continua Alexy (2011, p. 87-89, 91), a distinção entre regras e princípios desempenha um papel no contexto dos direitos fundamentais. As normas de direitos fundamentais são não raro caracterizadas como princípios. De fato, há diversos critérios para se distinguir regras de princípios, mas o mais utilizado é o critério da generalidade, por meio do qual os princípios são normas com grau de generalidade relativamente alto, enquanto o grau de generalidade das regras é relativamente baixo. Certamente, a norma que tem um algo grau de generalidade tem um notório conteúdo axiológico e uma relação íntima com a ideia de direito, sendo de extrema importância par a ordem jurídica, pois fornece razões para regras e são usados como critérios de avaliação de argumentos jurídicos. Contudo, a diferença entre regras e princípios mostra-se com maior clareza nos casos de colisões entre princípios e de conflito entre regras.

5.2.6.1 Conflito entre regras e princípios

É comum às colisões entre princípios e aos conflitos entre regras o fato de que duas normas, se isoladamente aplicadas, levariam a resultados inconciliáveis entre si, ou seja, a dois juízos concretos de dever-se jurídico contraditório. E elas se distinguem pela forma de solução do conflito. Por outro lado, o conflito entre regras somente pode ser solucionado se se introduz, em uma regra, uma cláusula (hipótese) de exceção que elimine o conflito, ou se, pelo menos uma das regras for declarada inválida. Um exemplo para um conflito entre regras que pode ser resolvido por meio da introdução de uma cláusula (hipótese) de exceção é aquele entre a *proibição de sair da sala de aula antes que o sinal toque* e o *dever de deixar a sala se soar o alarme de incêndio*. Se o sinal ainda não tiver sido tocado, mas o alarme de incêndio tiver soado, essas regras conduzem a juízos concretos de dever-ser contraditórios entre si. Esse conflito deve ser solucionado por meio da inclusão, na primeira regra, de uma cláusula de exceção para o caso do alarme de incêndio. (ALEXY, 2011, p. 91-92)

A respeito da colição entre regras colocamos o seguinte exemplo:

R_1. É proibido fumar em lugares públicos.

R_2. É permitido fumar na varanda do restaurante.

H. *Hipótese de exceção*: "em locais fechados (não abertos)".

R_3. *Regra reforçada*: É proibido fumar em lugares públicos fechados.

Conclui-se, logo, que R_1+H= R_3.

R1. É permitido o aborto necessário (Art. 128 do CP);

R2. É proibido provocar aborto, sem o consentimento da gestante (Art. 126 do CP);

H. *Hipótese de exceção*: "praticado por médico, se não há outro meio de salvar a vida da gestante ou se a gravidez resulta de estupro e o aborto é precedido de consentimento da gestante ou, quando incapaz, de seu representante legal".

R3. *Regra reforçada*: É permitido o aborto praticado por médico, se não há outro meio de salvar a vida da gestante ou se a gravidez resulta de estupro e o aborto é precedido de consentimento da gestante ou, quando incapaz, de seu representante legal.

Conclui-se, logo, que R1+H= R3.

Pode existir conflito entre princípios?

Sim, o conflito ou colisão entre princípios pode ocorrer quando algo é proibido de acordo com um princípio e permitido de acordo com outro ou outros. Nesses casos algum princípio deverá ser desconsiderado importante em face do problema ou caso concreto.

De acordo com Alexy (2011, p. 93-94) isto não significa, contudo, que o princípio desconsiderado deva ser declarado inválido, nem que deva ser introduzida uma hipótese (cláusula) de exceção.

> Na verdade, o que ocorre é que um dos princípios tem **precedência** em face do outro sob determinadas condições. Isto é o que se quer dizer quando se afirma que, nos casos concretos, os **princípios têm pesos diferentes** e que os **princípios com o maior peso têm preferência**. (ALEXY, 2011, p. 93-94). Grifo nosso.

Assim, conforme Alexy (2011), se os conflitos entre regras ocorrem na dimensão da validade, a colição entre princípio ocorre na dimensão do peso, visto que só princípios válidos podem colidir. Exemplos de soluções de colisões entre princípios são os sopesamentos (ponderações) de interesses conflitantes feitos pelos tribunais, por meio dos quais procura-se definir qual dos interesses (princípios) têm maior peso no caso concreto ou situação de tensão.

Todavia, podemos afirmar que o conflito entre princípio também caracteriza uma colisão entre valores. Eis que,

> princípios e valores estão intimamente relacionados: de um lado é possível falar tanto de uma colisão e de um sopesamento entre princípios quanto de uma colisão e de um sopesamento entre valores; de outro lado, a realização

> gradual dos princípios corresponde à realização gradual dos valores. Diante disso, é possível transformar os enunciados sobre valores [...] em enunciados sobre princípios, e enunciados sobre princípios ou máximas em enunciados sobre valores, sem que, com isso, haja perda de conteúdo. (ALEXY, 2011, p. 144)

A respeito dessa relação Robert Alexy (2011, p. 144-145) considera que a liberdade de imprensa, por exemplo, encerra em si a possibilidade de entrar em conflito com outros valores protegidos constitucionalmente. Igualmente, a liberdade de imprensa encerra em si a possibilidade de colidir com outros princípios estabelecidos na Constituição. Um bom exemplo disso é o fato de que, "o Estado não pode censurar a atividade jornalística. Os jornalistas, editores e outros titulares deste direito podem valer-se da possibilidade de resistência (direito fundamental) a uma intervenção estatal". (DIMOULIS, 2011, p. 58)

Isto ficou muito mais claro e evidente na recente decisão Supremo Tribunal Federal que acerca da publicação de biografias sem autorização prévia. Com fundamento da liberdade de expressão, por decisão unânime liberou-se as biografias publicadas em livros, filmes e novelas. Reafirmar-se-ia, assim, a defesa da liberdade de expressão e do direito à informação. Conforme a essa interpretação a liberdade de expressão e o direito à informação estariam acima do direito à privacidade, ambos são princípios da Constituição a serem compatibilizados.[8]

Para melhor compreender esse conflito (colisão) e solução da colisão entre princípios e entre princípios e valores, vejam-se os seguintes casos exemplificantes.

Caso 1:

P1. *Princípio*: Direito à Vida.

P2. *Princípio*: Direito à Liberdade Religiosa.

C. *Caso concreto*: Transfusão de Sangue em Testemunhas de Jeová. TJ-RS - Apelação Cível: AC 595000373 RS, Sexta Câmara Cível, Tribunal de Justiça do RS, Relator: Sérgio Gischkow Pereira, Julgado em 28/03/1995.[9]

P+p. *Princípio de maior peso*: Direito à Vida.

Sp. *Sopesamento ou ponderação*: O <u>direito à vida</u> antecede à <u>liberdade</u>, aqui incluída a liberdade de religião.

---

[8] Disponível em: http://g1.globo.com/pop-arte/noticia/2015/06/stf-decide-liberar-publicacao-de-biografias-sem-autorizacao-previa.html. Acesso em 08,06,2015.

[9] Disponível em: http://tj-rs.jusbrasil.com.br/jurisprudencia/6956801/apelacao-civel-ac-595000373-rs-tjrs. Acesso em 08,06,2015.

R. *Soluções da colisão*: Se iminente o perigo de vida, é direito e dever do médico empregar todos os tratamentos, inclusive cirúrgicos, para salvar o paciente, mesmo contra a vontade deste, de seus familiares e de quem quer que seja, ainda que a oposição seja ditada por motivos religiosos. Religiões devem preservar a vida e não a exterminar.

Caso 2:

P1. *Princípio*: Direito à Vida.

P2. *Princípio*: Direito à Liberdade (autonomia).

C. *Caso concreto*: Anencefalia - Supremo Tribunal Federal (STF) decidiu que grávidas de fetos sem cérebro poderão optar por interromper a gestação com assistência médica. O plenário do Supremo Tribunal Federal decidiu, por 8 votos a 2, que não pratica o crime de aborto tipificado no Código Penal a mulher que decide pela "antecipação do parto" em casos de gravidez de feto anencéfalo. Os ministros Ayres Britto, Gilmar Mendes e Celso de Mello consolidaram a maioria já formada na sessão de quarta-feira por Marco Aurélio (relator), Rosa Weber, Joaquim Barbosa, Luiz Fux e Cármen Lúcia. Ficaram vencidos os ministros Ricardo Lewandowski e Cezar Peluso. Este último, no entanto, fez questão de se associar à manifestação de Celso de Mello, decano da Corte, para considerar que "este foi o mais importante julgamento da história desta Corte, por que se buscou definir ao alcance constitucional do direito à vida".[10]

P+p. *Princípio de maior peso*: Liberdade (autonomia).

Sp. *Sopesamento ou ponderação*: "Se a gravidez se destina ao nada, a punição de sua interrupção é atípica, ou seja, não há crime". "Dar à luz é dar a vida, e não a morte".

R. *Soluções da colisão*: "Se todo aborto é interrupção voluntária de gravidez, nem toda interrupção voluntária de gravidez é aborto". "O feto anencéfalo nem é um doente mental, por que não tem a mente completa, não tem mente, não tem cérebro. A antecipação de parto terapêutico desse feto não configura aborto para fins de punição".

Devemos observar que não há um critério unânime acerca da solução de colisão. Só para alimentar a discussão, no primeiro caso, vivenciam-se decisões contrárias. Assim, por exemplo, afirmaria Luís Roberto Barroso[11]:

---

[10] Disponível em: http://www.jb.com.br/pais/noticias/2012/04/12/stf-decide-por-8-a-2-que-nao-e-crime-aborto-de-feto-anencefalo/. Acesso em 08,06,2015.

[11] BARROSO, Luís Roberto. *Legitimidade da recusa de transfusão de sangue por Testemunhas de Jeová.* Dignidade humana, liberdade religiosa e escolhas existenciais. Disponível em:

> **A.** Nas últimas décadas, a **ética médica** evoluiu do paradigma paternalista, em que o médico decidia por seus próprios critérios e impunha terapias e procedimentos, para um modelo fundado na autonomia do paciente. A regra, no mundo contemporâneo, passou a ser a anuência do paciente em relação a qualquer intervenção que afete sua integridade.
>
> **B.** A **dignidade da pessoa humana** é o **fundamento e a justificação dos direitos fundamentais**. Ela tem uma dimensão ligada à autonomia do indivíduo, que expressa sua capacidade de autodeterminação, de liberdade de realizar suas escolhas existenciais e de assumir a responsabilidade por elas. A dignidade pode envolver, igualmente, a proteção de determinados valores sociais e a promoção do bem do próprio indivíduo, aferido por critérios externos a ele. Trata-se da dignidade como heteronomia. Na Constituição brasileira, é possível afirmar a predominância da idéia de dignidade como autonomia, o que significa dizer que, como regra, devem prevalecer as escolhas individuais. Para afastá-las, impõe-se um especial ônus argumentativo.
>
> **C.** É legítima a recusa de tratamento que envolva a transfusão de sangue, por parte das testemunhas de Jeová. Tal decisão funda-se no exercício de **liberdade religiosa**, direito fundamental emanado da **dignidade da pessoa humana**, que assegura a todos o direito de fazer suas escolhas existenciais. Prevalece, assim, nesse caso, a dignidade como expressão da autonomia privada, não sendo permitido ao Estado impor procedimento médico recusado pelo paciente. Em nome do direito à saúde ou do direito à vida, o Poder Público não pode destituir o indivíduo de uma liberdade básica, por ele compreendida como expressão de sua dignidade.
>
> **D.** Tendo em vista a gravidade da decisão de recusa de tratamento, quando presente o risco de morte, a aferição da vontade real do paciente deve estar cercada de cautelas. Para que o consentimento seja genuíno, ele deve ser válido, inequívoco e produto de uma escolha livre e informada. (Grifo nosso)

Talvez a existência de um critério precedente acerca do que é mais valioso (Vida, dignidade ou liberdade) explique a falta de consenso acerca da solução da colisão. Esse critério, obviamente, está estritamente relacionado com a concepção política, religiosa ou jusfilosófica do julgador.

Para Alexy (2011, p. 96) o conceito de relação de precedência condicionada tem importância fundamental na compreensão das colisões entre princípios e, com isso, para a teoria dos princípios.

Surge, assim, o problema de se identificar o princípio de maior peso em face do caso concreto e isto é uma questão de sabedoria e de prudência: aspecto que há de caracterizar ao Juíz Prudente. Eis, em verdade o que consideramos o grande dilema (problema) da ponderação de direitos e garantias fundamentais.

A ponderação é vista como uma técnica de resolução de conflitos normativos que surge como um recurso para o equacionamento das colisões entre norma e princípios, consequência da complexidade e o pluralismo das sociedades modernas. Eis

---

http://www.conjur.com.br/dl/testemunhas-jeova-sangue.pdf. Acesso em 15,06,2015.

que os critérios tradicionais para a solução dos conflitos entre normas infraconstitucionais não são mais apropriados, pois as antinomias já não mais se colocam no plano da validade, nem da vigência normativa. (BARROSO, 2010, p. 329)

É possível, com efeito, aceitar que quando houver conflito entre dois ou mais direitos ou garantias fundamentais, o interprete deve se utilizar do princípio da concordância prática ou da harmonização, de forma a coordenar e combinar os bens jurídicos, evitando o sacrifício total de uns em relação aos outros, realizando uma redução proporcional (proporcionalidade?) do âmbito de alcance de cada qual (contradição dos princípios), sempre em busca do verdadeiro significado da norma e da harmonia do texto constitucional com suas finalidades precípuas. (MORAES, 1998, p. 46-47)

A respeito da concordância prática se afirma que nenhuma das posições jurídicas conflitantes será favorecida, mas que todas serão reciprocamente compensadas, numa tentativa de equilibrar os valores conflitantes, de modo a que todos eles sejam preservados pelo menos em alguma medida na solução adotada. O papel do jurista é precisamente tentar dissipar o conflito normativo por meio da integração harmoniosa dos valores em conflito. (MARMELSTEIN, 2009, p. 389)

Observa-se, assim, um papel preponderante dos valores na tentativa de dissipar o conflito normativo, razão pela qual não vemos outra solução que agir (decidir) com base numa hierarquia prévia de valores em face do caso concreto e da convivência.

Perante uma colição de direitos, ensina Dimoulis (2011, p. 162), "a decisão final cabe ao Poder Judiciário que deverá, para que a decisão seja juridicamente correta, *justificar*, isto é, *fundamentar* o modo de limitação dos direitos em conflitos", conforme o art. 93, IX da Constituição Federal.

Em conformidade com isso, todos os julgamentos dos órgãos do Poder Judiciário são públicos e deverão ser fundamentadas suas decisões, sob pena de nulidade. Todavia, as decisões administrativas dos tribunais deverão ser motivadas e em sessão pública.

Apresenta-se a concordância (e proporcionalidade) prática como um recurso (método) a ser usado para a solução de concorrência, conflitos ou colisões de direitos fundamentais. Em síntese: o "emprego de técnicas abertas de ponderação que permite o aumento da intensidade de intervenção do Poder Judiciário no campo das decisões legislativas sobre os direitos fundamentais, sem abdicar da necessidade de oferecer justificativas jurídicas". (DIMOULIS, 2011, p. 169)

A nosso ver, qualquer tentativa de resolução de conflito fica na sombra e à mercê da interpretação do judiciário, sendo a postura assumida pelo agente a que define a decisão, razão pela qual a ponderação, concordância e proporcionalidade deve ceder lugar à "convivência condicionada" que, como modelo, há de baliza parar a criação, a interpretação e aplicação do direito.

5.2.7 Perspectivas e mecanismos de concretização dos direitos fundamentais

Para uma melhor compreensão do assunto, definimos a concretização como o estado, a condição e o efeito que permite um direito se tornarem concreto ou possível de implementação ou *realização*. Certamente nada vale um "Direito sem direitos realizáveis", isto é, um direito positivado, mais não desfrutável e distante da realidade.

A almejada concretização dos direitos fundamentais se funda numa realidade inegável. Eis que, a maioria desses direitos, por exemplo, dos direitos sociais, os chamados direitos de segunda geração são exibidos brilhantemente em todas as declarações nacionais e internacionais, permanece no papel. Uma coisa é proclamar esses direitos, outra é desfrutá-los efetivamente, sendo que, existe uma diferença entre o direito reivindicado e o direito reconhecido e protegido (BOBBIO, 2004, p. 9). Daí a luta por uma concretização efetiva dos Direitos Humanos e Fundamentais.

Mas, a maior dificuldade encontrada no empenho da concretização dos Direitos Humanos e Fundamentais é a falta de vontade política e a ausência do interesse das instituições estatais e sociais. A falta de uma *ética pública* torna impossível a implementação desses direitos, cuja aplicação, com muito frequência "envolve grandes interesses econômicos e políticos". (DIMOULIS, 2011, p. 55)

Em verdade, direitos do homem é uma denominação muito vaga. "Direito do homem são aqueles cujo reconhecimento é condição necessária para o aperfeiçoamento da pessoa humana, ou para o desenvolvimento da civilização". A maior dificuldade são os termos avaliativos interpretados de modo diverso conforme a ideologia assumida pelo intérprete. Mas as contradições nascem quando se passa da teorização e enunciação verbal para a aplicação prática. (BOBBIO, 2004, p. 18)

Todavia, os Direitos Humanos e Fundamentais são condições para a realização de valores últimos, é o apelo a esses valores últimos. Mas, tal realização modernamente depende, na maioria dos casos, das preferências pessoais, as opções políticas, as orientações ideológicas. (BOBBIO, 2004, p. 18)

A nosso ver um Direito insurgente (um Direito futuro ou futuro Direito) é pensado a partir da projeção "convergente" e miscelânica, tomando do modelo capitalista (privatista) seus melhores elementos componentes para a construção de um Direito social ou socializador. Falamos, assim, de Direito que, cada vez mais, se preocupa com a consciência social: jurídica e moral, pois não há como concretizar direitos sem se pensar na convivência.

Conforme explica Alexy (1998), a concretização dos direitos humanos exige a necessidade de um Estado constitucional democrático. O resultado dos argumentos de cumprimento, conhecimento e organização, assim como a necessidade do direito e do Estado, contrasta de maneira peculiar com a experiência, segundo a qual nada pode ameaçar mais os direitos humanos que o Estado mesmo, e por esse motivo, são essencialmente direitos de defensa do cidadão contra o Estado.

Conforme o citado autor, este caráter conduz à necessidade do Estado constitucional democrático. O Estado constitucional democrático compreende os princípios do Estado formal de direito e do Estado democrático de direito. Para o nosso autor a uma autêntica transformação dos direitos humanos em direito de um Estado só existe quando esses direitos adquirem força jurídica vinculante. Uma condição necessária para é a separação de poderes. Quando a independência dos tribunais a legalidade da administração está assegurada, então dependerá todo exclusivamente da vontade política de aquelas forças a cujo serviço se colocam, junto ao legislativo, também o judiciário e o executivo. Contudo, a separação de poderes é uma condição necessária à transformação dos direitos humanos em direitos fundamentais. A separação de poderes é irrenunciável no processo de institucionalização dos direitos humanos. (ALEXY, 1998)

Ao se converterem os direitos humanos em direitos fundamentais se consegue a validez jurídica e, também, a gabarito constitucional, preservando, assim, seu conteúdo. Se por um lado, os direitos fundamentais são direitos contra o Estado, por outro os direitos humanos são, também, direitos frente aos outros seres humanos. Ora, a incorporação dos direitos fundamentais numa Constituição não basta. A pergunta decisiva consiste em saber quem deve controlar a observância dos direitos fundamentais. Existem duas respostas fundamentais: o processo democrático ou um tribunal constitucional. (ALEXY, 1998)

Quem vota a favor de que o legislador deva ser controlador exclusivamente mediante o processo democrático, opta por um *Estado democrático de direito*. Quem, ademais, defende um controle por meio de um tribunal constitucional, intervém em favor de um *Estado constitucional democrático*. A relação entre o Estado democrático de direito e o Estado constitucional democrático não é de restrita alternativa, mas de complementação. A respeito dessa relação Alexy (1998) sustenta a seguinte tese: tanto o Estado democrático de direito como o Estado formal de direito são uma condição necessária para a institucionalização dos direitos humanos, mas são insuficientes. Devem ser complementados com uma jurisdição constitucional em face de um Estado constitucional democrático. O Estado democrático de direito não é nada mais do que a união do Estado formal de direito com a democracia, por meio do qual se garanta a autonomia e a correção.

De fato, a autonomia é um bem fundamental de direitos humanos que tem duas dimensões: uma privada e outra pública. A privada consiste na eleição individual e na realização de uma concepção pessoal do bem. O objeto da autonomia pública é a eleição que se toma conjuntamente com outros e a realização de uma concepção política do justo e do bom. Caso se limitem os direitos humanos à autonomia privada, existirá para o indivíduo somente uma autodeterminação num marco de leis com determinação totalmente alheia. Isto seria contrário à ideia da autonomia. Daí o direito à participação no processo da formação da vontade estatal, é um direito humano. Este direito humano, na forma de direitos fundamentais políticos, que abrangem as liberdades de opinião, de reunião, a associação e imprensa até o direito de sufrágio geral, direto. Um segundo argumento se refere à correção da legislação. Assim, a leis que violam os direitos humanos são leis incorretas. Desta forma, o conceito de correção conecta o conceito de direitos humanos com o da democracia. A democracia seria, assim, a perfeita garantia dos direitos humanos e dos direitos fundamentais. Toda tensão entre direitos fundamentais e democracia estaria eliminada. Direitos fundamentais e democracia estariam reconciliados sem reserva. (ALEXY, 1998)

5.2.8 Aplicabilidade dos direitos fundamentais

Quanto à aplicabilidade dos Direitos Fundamentais, importa destacar seu aspecto prestacional, ou seja, sua dimensão positiva, que consiste uma atuação ativa do

Estado na esfera econômica e social a fim de assegurar a realização da igualdade material. Destaca-se, assim, que os direitos fundamentais são de aplicação imediata, assim como estabelecido no art. 5º, § 1º, da CF: "As normas definidoras dos direitos e garantias fundamentais têm aplicação imediata".

Com muita frequência se invoca a reserva do possível como um critério que minimiza a aplicabilidade dos Direitos Fundamentais, estabelecendo para legitimar os limites da responsabilidade dos estados e seus deveres prestacionais, principalmente quando eles recaem sobre os direitos sociais: educação, saúde, lazer etc. Todavia, em confronto com esse critério constrói-se a doutrina do mínimo existencial que, a seguir, passaremos a estudar.

Em regra, as normas que consubstanciam os direitos fundamentais democráticos e individuais são de eficácia e aplicabilidade imediata. A própria Constituição Federal, em uma norma-síntese, determina tal fato dizendo que as normas definidoras dos direitos e garantias fundamentais têm aplicação imediata (CF, art. 5º, § 1º). (MORAES, 1998, p. 42)

5.2.8.1 A reserva do possível versus o mínimo existencial

A reserva do possível, conforme opinião de Dimitri Dimoulis (2011, p. 99-101) não pode ser utilizada como critério para limitar a aplicabilidade imediata dos direitos prestacionais, pois o Estado pode (deve) se valer de medidas para tornar possível uma prestação, pois tem o dever de organizar os recursos, zelar pela administração da coisa pública, reorganizar as prioridades orçamentárias, racionalizar as despesas, a possibilidade de contrair empréstimos e o aumento da arrecadação por meio de tributos. Nesse sentido, é de competência jurisdicional verificar a procedência de um pedido com base em um direito social, condenando o Estado à prestação específica, independentemente de alegações sobre a impossibilidade de prestação, mas não cabe à autoridade jurisdicional mensurar as capacidades financeiras e prioridades políticas estabelecidas pelos demais Poderes para atender demandas baseadas em direito fundamental social. Ora, se não forem apresentados ao tribunal dados demonstrando a impossibilidade orçamentário-financeira, não terá êxito a invocação da reserva do possível.

O *mínimo existencial*, na visão de Luís Roberto Barroso (2003, p. 39), consiste, no "conjunto de bens e utilidades básicas para a subsistência física e indispensável ao desfrute da própria liberdade". Desta forma, o citado autor, enfatiza a importância do mínimo existencial, ao destacar a sobrevivência, que, neste caso, a interpretamos como uma condição para a existência. Assim, que as prestações que compõem o mínimo existencial comportam variação conforme a visão subjetiva de quem o elabore, mas parece haver razoável consenso de que inclui: renda mínima, saúde básica e educação fundamental.

Conforme explica Ingo Sarlet (2010, p. 19, 21), existe um nexo evidente entre os direitos (fundamentais) sociais com o que passou a ser designado de uma garantia de um mínimo existencial, mas é igualmente evidente que também existe uma série de aspectos controversos que, já há algum tempo, integram a pauta das discussões a respeito dos direitos fundamentais. Contudo, adentrando este aspecto do tema, é possível afirmar que o indivíduo deve poder levar uma vida que corresponda às exigências do princípio da dignidade da pessoa humana, razão pela qual o direito à moradia alcança a condição de garantia do mínimo existencial. Certamente, a garantia efetiva de uma existência digna abrange mais do que a garantia da mera sobrevivência física, situando-se, portanto, além do limite da pobreza absoluta. Logo, uma vida sem alternativas não corresponde às exigências da dignidade humana, a vida humana não pode ser reduzida à mera existência.

Assim, como destaca Ingo Sarlet (2010, p. 24), importa considerar a percepção de que a garantia do mínimo existencial independe de expressa previsão constitucional para poder ser reconhecida, pois o mínimo existencial é decorrente da proteção da vida e da dignidade da pessoa humana. Por outro lado, seja com relação aos direitos sociais a prestação de um modo geral, seja relativamente à própria garantia do mínimo existencial, não há como desconsiderar que uma das principais objeções esgrimidas em matéria de concretização dos direitos sociais diz respeito à dimensão economicamente relevante desses direitos. Contudo, embora a dimensão econômica seja comum a todos os direitos fundamentais, acaba assumindo particular relevância quando se cuida da efetivação dos direitos fundamentais como direitos a prestações. Desta forma, argumenta-se que as prestações necessárias à efetivação dos direitos fundamentais dependem sempre da disponibilidade financeira e da capacidade jurídica de que tem o dever de assegurá-las. Por conta de tal objeção, sustenta-se que os direitos a prestações e o mínimo existencial encontram-se condicionados pela assim designada "reserva do possível" e pela relação que esta guarda, entre outros aspectos, com as competências constitucionais, o princípio da separação dos Poderes, a reserva de lei orçamentária, o princípio federativo.

Conclui-se que a aplicabilidade e a concretização dos Direitos Fundamentais são de responsabilidade universal e depende tanto da atuação dos particulares (cidadãos, associações, sociedades e empresas etc.) como do próprio Estado (e suas instituições) que atua como mediador ou interventor.

Pois bem, a tese que sustenta que os Direitos Fundamentais são direitos e deveres de todos, se apoia na ideia da existência de uma "responsabilidade moral" (SANDEL, 2013, p. 276-277, 287), isto é, *responsabilidade universal* que deriva da existência de direitos/deveres naturais (direitos do homem) e que não requerem consentimento. Trata-se dos deveres que assumimos como indivíduos, como seres racionais. Aí se incluem o dever de tratar as pessoas com respeito, o de fazer justiça, o de evitar crueldade e assim por diante, que não exigem um ato de consentimento. Ninguém diria que alguém tem o dever de não matar apenas por ter prometido não o fazer. Nessa correlação, a responsabilidade universal é essencialmente solidária que só se torna censurável se nos levarem a violar os Direitos Humanos e Fundamentais.

5.3 Direitos Humanos e democracia

Existe uma correlação evidente entre os direitos humanos e fundamentais e a democracia. Eis que, não há democracia sem institucionalização dos direitos humanos e fundamentais, por meio de normas que irradiem todo o sistema jurídico.

As Constituições democráticas modernas, explica Alexy (2003) compreendem duas classes ou categorias de normas. A primeira categoria contém normas que constituem e organizam as atividades de legislação, de prestação jurisdicional e de administração. O tema central dessas normas é a atribuição de poder, de competências. O segundo tipo abarca normas que obrigam e dirigem o poder público. As normas que conferem direitos constitucionais são aqui as mais proeminentes. Essa dicotomia parece ser universalmente válida, pelo menos no universo das Constituições democráticas. A validade amplamente fundamentada dessa tese é devida ao seu caráter altamente abstrato. Logo abaixo deste nível de abstração, diferentes possibilidades entram em jogo. Essas dizem respeito tanto ao poder público quanto aos direitos individuais.

Conforme explica Héctor Gros Espiell (2008) no Sistema Interamericano os direitos Humanos e a democracia se expressam como um binômio iniludível. Eis que não se concebe a democracia sem a vigência efetiva dos direitos humanos e, a esse argumento também agregamos que os direitos humanos não se concretizam sem a democracia. De acordo com o citado autor este binômio se completa com a existência necessária de um Estado de Direito. A respeito disso, na Carta Democrática Interamericana, texto declarativo, adoptado em Lima em 2003, se afirma a existência de um direito à democracia.

A ideia de uma sociedade democrática inclui outros tantos temas importantes, a exemplo da pobreza, a inclusão social e jurídica das minorias. Assim sendo, a exclusão e a discriminação são problemas reais que limitam e invalidam a democracia e, consequentemente, a concretização dos direitos humanos.

Neste sentido, afirma Alexandre de Moraes (1998, p. 21), "o respeito aos direitos humanos fundamentais, principalmente pelas autoridades públicas, é pilastra-mestra na construção de um verdadeiro Estado de direito democrático".

Neste sentido, a ideia de que os direitos humanos são uma ficção, uma ilusão ou utopia se fundamenta nisto. Decerto, não haverá direitos humanos sem liberdades, sem educação, sem inclusão social, enfim, sem democracia.

5.4 O Defensor do Povo

A instituição *ombudsman* é denominada de diversas formas, a saber, Defensor do Pueblo, Procurador dos Direitos Humanos, Procurador dos Direitos do Cidadão, Comissionado do Parlamento, Provedor de Justiça etc. Esta instituição, conforme explica, Eduardo Mondino (2008), teve a sua origem no ordenamento jurídico sueco na Constituição de 1809, onde a figura do ombudsman adquire a denominação de Representante do Parlamento e tinha a função de zelar pelo cumprimento da lei e de proteger os cidadãos em sua relação com o poder público (administrativo). No século XX a figura do *ombudsman* se difundiu pelo mundo. Primeiro foi incorporada nos ordenamentos jurídicos dos países nórdicos: Finlândia (1919), Dinamarca (1953) e Noruega (1962), depois, o seu alcance constitucional se estendeu a nível internacional.

A figura do *ombudsman*, posteriormente, foi adaptada às necessidades próprias de cada país e teve amplia aceitação noutros países da Europa e no mundo anglo-saxão a partir da Segunda Guerra Mundial. Assim, por exemplo, Nueva Zelândia (1962),

Reino Unido (1967), Tanzânia (1968), Israel (1971), Francia (1973), Portugal (1975), Áustria (1971), Espanha (1978) e os Países Baixos (1981). Em alguns países a figura adquiriu dimensão nacional e, noutros, municipal, regional ou provincial. O momento chave na sua evolução foi sua incorporação no regime português em 1975 e no espanhol em 1978, pois a partir desses momentos o *ombudsman* teve a seu cargo a defensa dos direitos humanos e se estendeu aos sistemas jurídico-políticos da América Latina e o Caribe. Em 1995 criou-se o Defensor do Povo Europeu, eleito pelo Parlamento Europeu, quem investiga as reclamações relativas à má administração na ação das instituições e órgãos da União Europeia, dentre eles a Comissão Europeia, o Conselho da União Europeia e o Parlamento Europeu. (MONDINO, 2008).[12]

Mas, quem é o *Ombudsman* brasileiro?

Quais são as funções (o papel) dessa importante e decisiva instituição na sociedade brasileira?

Diz-se que em março de 1991 em Brasil se crio a primeira Ouvidoria Estadual no Estado de Paraná, sendo que em fevereiro de 2003, com o intuito de tornar más transparente o exercício funcional do agente público, foi criada a Secretaria Especial de Corregedoria e Ouvidoria, também, no Estado do Paraná, ampliando suas atribuições, as que também se estenderam à realização de investigações nos procedimentos em curso na Administração Pública e do Poder Executivo desse Estado.

Mas, hoje vemos um país totalmente dividido, do ponto de vista ideológico, político e social, onde constantemente são negados os direitos humanos, apesar de todos eles estarem positivados, como direitos fundamentais na Constituição Federal. Ora, perante essa realidade, quem é o defensor do povo, aquele que deve zelar pela efetiva promoção, exercício e concretização dos Direitos Humanos?

---

[12] O Instituto Internacional do Ombudsman (IOI), criado em 1978, é uma organização internacional sem fim lucrativo, conforme à Lei de Sociedades do Canadá. Tem a condição de pessoa jurídica legal, seus membros têm direito ao voto e seus departamentos são independentes do setor público. Esta instituição aparece como intermediaria entre a população e a administração pública e objetiva remover os entraves burocráticos que dificultam o acesso à informação e ao exercício dos direitos. Tem como característica a informalidade e a gratuidade na tramitação das reclamações, oferecendo serviço gratuito com habitualidade usando mecanismo que permitem veicular as reclamações e servindo de instrumento à melhoria da qualidade dos serviços desenvolvidos pelas instituições públicas e privada. Este órgão exerce suas funções por meio de ações conducentes a esclarecer ou retificar atos o situações que impliquem violação aos direitos humanos, promove a realização de investigações a partir das denúncias promovidas por iniciativa da população, a remissão de recomendações às instituições reclamadas, a promoção das correspondentes ações legais perante a justiça local ou nacional e o exercício de iniciativas legislativas para modificar as leis vigorantes e as práticas administrativas que originam a agressão aos direitos humanos.

5.4.1 Comissão Nacional de Direitos Humanos

O combate contra a apatia e a negação dos direitos humanos efetivar-se-ia na medida em que a concretização desses direitos seja acompanhada por um órgão independente capaz de zelar, seriamente, pela real implementação de medidas, projetos e programas emanados do governo. Gostaria, aqui lembrar a distinção proposta entre governo e dos governantes. Pensamos, assim, numa instituição (órgão nacional) autônomo e não governamental, mas que, com amparo constitucional, seja eleita pelo povo.

Inexiste, e acredito que precisa ser criado um órgão desta natureza que viabilize a defesa aos direitos humanos, uma instituição com ramificações (instancias) municipal, estadual e nacional que zele pela efetivação desses direitos no país e facultadas a:

a) investigar e denunciar as omissões da administração pública;

b) divulgar as condutas, ações e omissões das empresas (públicas ou privadas) que desenvolvem serviços públicos quer por concessão ou autorização da administração pública;

c) recepcionar e analisar as propostas emanadas do diálogo, eventos e consultas à população das quais derivem projetos, programas e cartilhas que objetivem a divulgação e defesa dos direitos humanos;

d) recomendar projetos de lei que objetivem eliminar os obstáculos que limitam a concretização dos direitos humanos;

e) promover, perante a autoridade competente e por meio de relatórios e propostas as medidas que objetivam a resolução dos problemas existentes.

Em suma, a mencionada Comissão deverá ter como principal atribuição: difundir o conhecimento e o respeito da Constituição Federal e, consequentemente, salvaguardar os direitos fundamentais, sociais, económicos, culturais, difusos e coletivos nela contidos.

No atual contexto contamos com a Secretaria de Direitos Humanos[13] (SDH), órgão essencial da Presidência da República, à qual compete:

> I - assessorar, direta e imediatamente, o Presidente da República na formulação de políticas e diretrizes voltadas à promoção dos direitos da cidadania, da criança, do adolescente, do idoso e das minorias e à defesa dos direitos das pessoas com deficiência e promoção da sua integração à vida comunitária;
> II - coordenar a política nacional de direitos humanos, em conformidade com as diretrizes do Programa Nacional de Diretos Humanos - **PNDH**;
> III - articular iniciativas e apoiar projetos voltados para a proteção e promoção dos direitos humanos em âmbito nacional, promovidos por órgãos dos Poderes Executivo, Legislativo e Judiciário e por organizações da sociedade;
> IV - exercer as funções de ouvidoria nacional de direitos humanos, da criança, do adolescente, do idoso e das minorias;
> V - sem prejuízo das atribuições dos órgãos integrantes do Sistema Nacional de Políticas Públicas sobre Drogas - Sisnad, atuar em favor da ressocialização e da proteção dos dependentes químicos;
> VI - exercer as atribuições de Órgão Executor Federal do Programa Federal de Assistência a Vítimas e a Testemunhas Ameaçadas, instituído pelo art. 12 da Lei nº 9.807, de 13 de julho de 1999;
> VII - atuar, na forma do regulamento, como Autoridade Central Administrativa Federal a que se refere o Artigo 6 da Convenção Relativa à Proteção das Crianças e à Cooperação em Matéria de Adoção Internacional, promulgada pelo Decreto nº 3.087, de 21 de junho de 1999;
> VIII - atuar, na forma do regulamento, como Autoridade Central Administrativa Federal a que se refere o Artigo 6 da Convenção sobre os Aspectos Civis do Sequestro Internacional de Crianças, promulgada pelo Decreto nº 3.413, de 14 de abril de 2000;
> IX - atuar, na forma do regulamento, como a Autoridade Central a que se refere o Artigo 7 da Convenção Interamericana sobre a Restituição Internacional de Menores, promulgada pelo Decreto nº 1.212, de 3 de agosto de 1994;
> X - encaminhar ao Presidente da República propostas de atos necessários para o cumprimento de decisões de organismos internacionais motivadas por violação dos direitos humanos e realizar eventual pagamento de valores decorrentes;
> XI - proceder ao pagamento de indenizações decorrentes de decisões da Comissão Especial sobre Mortos e Desaparecidos Políticos; e
> XII - coordenar o Comitê Intersetorial de Acompanhamento e Monitoramento da Política Nacional para a População em Situação de Rua e auxiliar na implementação da Política Nacional para a População em Situação de Rua, nos termos do Decreto nº 7.053, de 23 de dezembro de 2009.

No entanto, o vínculo e a dependência da Secretaria de Direitos Humanos à Presidência da República limitam a sua neutralidade, imparcialidade e autonomia, fato pelo qual, pensamos, perde sua missão de proteger os direitos humanos e fundamentais do cidadão e da comunidade.

---

[13] Veja-se o Decreto n. 8.162, de 18 de dezembro de 2013 (Aprova a Estrutura Regimental e o Quadro Demonstrativo dos Cargos em Comissão e das Funções de Confiança da Secretaria de Direitos Humanos da Presidência da República e remaneja cargos em comissão). Informação disponível em: Veja-se http://www.sdh.gov.br/sobre/a-sdh/secretaria-de-direitos-humanos. Acesso em: 07,06,2016.

Assim, a supervisão do cumprimento dos deveres do Estado, dos governantes, dos agentes públicos e políticos etc. irá se concentrar no Poder Cidadão (Poder do Povo) que não interfere na independência dos três poderes. Essa supervisão objetiva, em larga escala, a inclusão social e a cidadania não garantida por esses poderes: a promoção, defesa e concretização dos direitos humanos.

Em suma, a Comissão Nacional de Direitos Humanos, como defensora do povo, manteria um vínculo imediato na sua organização com seus homólogos municipal, estadual e internacional. Esse diálogo permitirá a articulação e o intercâmbio de ideia, e programas condizentes com a defesa da democracia junto à Federação Ibero-americana de Ombudsman (FIO)[14].

Em suma, a eficácia do trabalho do Defensor do Povo e da Comissão Nacional de Direitos Humanos deve ser medida pela real garantia e concretização de direitos próprios da sua incumbência: educação, saúde, trabalho, idosos, pessoas com necessidades especiais, seguridade social, direitos humanos, sistema prisional, meio ambiente, crianças e adolescentes, mulheres, minorias, consumidores e demais direitos socioculturais.

---

[14] Veja-se a Federação Ibero-americana de Ombudsman (FIO): Organização fundada com o objetivo da promoção e o fortalecimento da figura do ombudsman em toda a região latino-americana, presente nos eventos internacionais dedicados à implantação e generalização dos Direitos Humanos e que reúne a quinze instituições nacionais e Ibero-americanas.

BIBLIOGRAFIA

AFONSO da Silva, José. *Curso de Direito Constitucional Positivo*. 14 ed. São Paulo: Malheiros, 1997.

ALEXY, Robert. *Teoria dos Direitos Fundamentais*. 2. ed. Trad. Virgílio Afonso da Silva. São Paulo: Malheiro, 2011.

________. *Direitos Fundamentais, Balanceamento e Racionalidade*. In Ratio Juris. Vol. 16, n. 2, junho de 2003 (p. 131-40)

________. *La Institucionalización de los Derechos Humanos en el Estado Constitucional Democrático*. Traducción: María Cecilia Añaños Meza. Revisión Rodolfo Arango. Original. *Die Institutionalisierung der Menschenrechte im demokratischen Verfassungsstaat,* en: «Philosophie der Menschenrechte», ed. por G. Lohmann/S. Gosepath, Suhrkamp, Frankfurt am Main 1998.

ARPINI, Adriana. Ética social, valores y liberación. In: TEALDI, Juan Carlos. *Diccionario latinoamericano de bioética*. Bogotá: UNESCO - Red Latinoamericana y del Caribe de Bioética: Universidad Nacional de Colombia, 2008.

ATIENZA, Manuel. *As Razões do Direito: Teorias da Argumentação Jurídica*. Trad. Maria Cristina Guimarães Cupertino. Ver. Sylmara Beletti. São Paulo: Landy, 2002.

________. *Tras la justicia*. Una introducción al Derecho y al razonamiento jurídico. Barcelona: Ariel, 1993.

________. *Introducción al derecho*. 5 ed., Barcelona, España: Barcanova, 1994.

________; MANERO, Juan Ruiz. Dejemos atrás el Positivismo Jurídico, In: *Doxa – Cuadernos de Filosofía del Derecho*, nº. 27, Alicante, Instituto Miguel de Cervantes, 2009.

ARRUDA, Maria Cecília Coutinho de, e outros. *Fundamentos de ética empresarial e econômica*. 2. ed. São Paulo: Atlas, 2003.

ÁVILA, Humberto. *Teoria dos Princípios*: da definição à aplicação dos princípios jurídicos. 9. ed. São Paulo: Malheiros, 2009.

BARROSO, Luís Roberto. *A Nova Interpretação Constitucional, Ponderação, Direitos Fundamentais e Relações Privadas*. Rio de Janeiro: Renovar, 2003.

________. *Legitimidade da recusa de transfusão de sangue por Testimunhas de Jeová*. Dignidade humana, liberdade religiosa e escolhas existenciais. Disponível em: http://www.conjur.com.br/dl/testemunhas-jeova-sangue.pdf. Acesso em 15,06,2015.

________. *Curso de direito constitucional contemporâneo: os conceitos constitucionais e a construção de um novo modelo*. 4. ed. São Paulo: Saraiva, 2013.

BARCELLOS, Ana Paula de. *A eficácia jurídica dos princípios constitucionais*: O princípio da dignidade da pessoa humana. 2. ed. amplamente revista e atualizada. Rio de Janeiro: Renovar, 2008.

BARROSO, Luís Roberto. *A Nova Interpretação Constitucional, Ponderação, Direitos Fundamentais e Relações Privadas*. Rio de Janeiro: Renovar, 2003.

________. *Curso de direito constitucional contemporâneo*: os conceitos fundamentais e a construção do novo modelo. São Paulo: Saraiva, 2009.

________. *Curso de direito constitucional contemporâneo*: os conceitos fundamentais e a construção do novo modelo. 2. ed. São Paulo: Saraiva, 2010.

BASTO, Celso Ribeiro. *Curso de Direito Constitucional*. 17. ed. São Paulo: Saraiva, 1996.

BAUMAN, Zygmunt. *Sobre educação e juventude*: conversas com Ricardo Mazzeo. Trad. Carlos Alberto Medeiros. Rio de Janeiro: Zahar, 2013.

BITTAR, Eduardo C.B. *Ética, educação, cidadania e direitos humanos: estudos filosóficos entre cosmopolitismo e responsabilidade social*. Barueri, São Paulo: Manole, 2004.

________. *Teoria sobre a Justiça: apontamentos para a história da Filosofia do Direito*. São Paulo: Juarez de Oliveira, 2000.

BOBBIO, Norberto. *A era dos direitos*. Tradução de Carlos Nelson Coutinho. Rio de Janeiro: Elsevier, 2004.

________. *A era dos direitos*. Trad. Carlos Nelson Coutinho. Rio de Janeiro: Campus, 1992.

________. *Teoria geral da política*. Rio de Janeiro: Campus, 2000.

________. *Teoría General del Derecho*. Bogotá- Colombia: TEMIS, 1987.

________. *Teoria da Norma Jurídica*. Trad. Fernando Pavan Baptista e Ariani Bueno Sudatti. Bauru, São Paulo: EDIPRO, 2001.

________. *O Positivismo Jurídico:* Lições de filosofia do direito. Trad. E notas Márcio Pugliesi, Edson Bini, Carlos E. Rodrigues. São Paulo: Ícone, 1995.

________. *Da estrutura à Função:* novos estudos de teoria do direito. Trad. Daniela Beccaccia Versiani; ver. Orlando Seixas Bechara, Renata Nagamine. Barueri, SP: Manole, 2007.

________. *Direito e poder*. Trad. Nilson Moulin. São Paulo: Editora UNESP, 2008.

________. *Teoria do ordenamento jurídico*. Trad. Maria Celeste C. J. Santos; rev. téc. Claudio de Cicco; apres. Tércio Sampaio Ferraz Júnior. Brasília: Editora Universidade de Brasília. 1999.

BONAVIDES, Paulo. *Ciência Política*. 15. ed. São Paulo: Malheiros, 2008.

BRASIL, Constituição da República Federativa do Brasil, 1988.

BUNGE, Mario. *Tratado de Filosofia Básica. Semântica I: Sentido e Referência*. Trad. de Leônidas Hegenberg e Octanny S. da Mota. São Paulo: E.P.U Ed. da Universidade de São Paulo, 1976.

________. *Epistemologia: curso de atualização*. Trad. de Claudio Navarra. São Paulo: T. A Queiroz. Editora Universitária de São Paulo, 1980.

________. *Epistemologia*. 2. ed. São Paulo: T. A. Queiroz: Editora Universidade de São Paulo, 1987.

BUNNIN, Nicholas e E.P. Tsui-James (orgs). *Compêndio de Filosofia*. São Paulo: Loyola, 2002.

CAFFÉ ALVES, Alaôr. As raízes sociais da Filosofia do Direito: uma visão crítica. In, *O que é a filosofia do direito?* Barueri, SP: Manole, 2004.

CAMPILONGO, Celso Fernandes. *O Direito na Sociedade complexa.* São Paulo: Max Limonad. 2000.

________. *Globalização e Democracia*. In O Direito na Sociedade Complexa. São Paulo: Max Limonad, 2000.

CANOTILHO, José Joaquim Gomes. *Estudos sobre Direitos Fundamentais.* São Paulo: Rt, 2008.

CAPPELLETTI, Mauro. *Acesso à Justiça.* Tradução de Ellen Gracie Northfleet. Porto Alegra: Fabris, 1998.

CORTE INTERAMERICANA DE DERECHOS HUMANOS. http://www.corteidh.or.cr/

CONVENÇÃO AMERICANA SOBRE DIREITOS HUMANOS (Subscrita em São José de Costa Rica, em 22 de novembro de 1969, na Conferência Especializada Internacional sobre Direitos Humanos). Disponível em: http://www.amb.com.br/fonavid/Legislacao_Pacto_San_Jose_da_Costa_Rica_-_1969[1].pdf. Acesso em: 10,08,2015.

DALLARI, Dalmo de Abreu. *Direitos humanos e cidadania.* São Paulo: Moderna, 1998.

DECLARAÇÃO UNIVERSAL DOS DIREITOS HUMANOS. Disponível em: http://www.dudh.org.br/wp-content/uploads/2014/12/dudh.pdf. Acesso em: 15,04,2016.

DECLARAÇÃO AMERICANA DOS DIREITOS E DEVERES DO HOMEM. Resolução XXX, Ata Final, aprovada na IX Conferência Internacional Americana, em Bogotá, em abril de 1948. Disponível em: http://pfdc.pgr.mpf.mp.br/atuacao-e-conteudos-de-apoio/legislacao/direitos-humanos/declar_dir_dev_homem.pdf. Acesso em: 14,03,2016.

DIEZ-PICAZO, Luis y Antonio Gullón. *Instituciones de Derecho Civil*. Volumen I. Editorial Tecnos. S. A. Madrid, 1995.

DIMOULIS, Dimitri; Martins, Lenardo. *Teoria Geral dos Direitos Fundamentais*. 3. ed. rev. atual e ampl. São Paulo: Rt, 2011.

________; Oto, Écio Ramos. *Teoria do Direito Neoconstitucional*. São Paulo: Método, 2008.

DINIZ, Maria Helena. *Conceito de norma jurídica como problema de essência*. 2. ed. aum. São Paulo: Saraiva, 1996.

________. *Compêndio de Introdução à ciência do Direito*. 11. ed. atualizada. São Paulo: Saraiva, 1999.

________. *Compêndio de introdução à ciência do direito*. 14. ed. São Paulo: Saraiva, 2001.

DURKHEIM, Émile. *Ética e sociologia da moral*. Trad. Paulo Castanheira. 2. Ed. São Paulo: Landy, 2006.

DWORKIN, Ronald. *Levando os direitos a sério*. Tradução de Nelson Boeira, São Paulo, Martins Fontes, 2002.

________. *Levando os direitos a sério*. Trad. Nelson Boeira. 2. Ed. São Paulo: Martins Fontes, 2007.

________. *O império do direito*, tradução de Jefferson Luiz Camargo, São Paulo, Martins Fontes, 2003.

________. *O Império do Direito*. Trad. Jefferson Luiz Camargo. São Paulo: Martins Fonte, 1999.

ESTATUTO DA COMISSÃO E DA CORTE INTERAMERICANA DE DIREITOS HUMANOS. (Aprovado pela resolução AG/RES. 448 (IX-O/79), adotada pela Assembléia Geral da OEA, em seu Nono Período Ordinário de Sessões, realizado em La Paz, Bolívia, outubro de 1979). Disponível em: https://www.cidh.oas.org/basicos/portugues/v.Estatuto.Corte.htm. Acesso em: 02,02,2015.

FACHIN, Luiz Edson. *Estatuto jurídico do patrimônio mínimo.* 2. ed. Rio de Janeiro: Renovar, 2006.

GILDA Maciel Correa Russomano. *Direitos Humanos*. Curitiva: Jurua, 1992.

GROS ESPIELL, Héctor. Sistema Interamericano de Direitos Humanos. In: TEALDI, Juan Carlos. *Diccionario latinoamericano de bioética.* Bogotá: UNESCO - Red Latinoamericana y del Caribe de Bioética: Universidad Nacional de Colombia, 2008.

HABERMAS, Jürgen. *Escritos sobre moralidad y eticidad.* Barcelona: Paidós, 1991.

HABERMAS, Jürgen. *Crise do Estado e compreensão procedimentalista do direito.* In *Direito e Democracia.* Rio de Janeiro: Tempo Brasileiro, 1997, Vol. II.

________. *La lógica de las ciencias sociales.*Trad. Manuel Jiménez Redondo. Madri: Tecnos, 1996.

________. *Facticidad y validez*. Madri: Trotta, 1998.

________. *A Constelação Pós-Nacional*. São Paulo: Littera Mundi, 2001.

JAYME, Fernando G. *Direitos humanos e sua efetivação pela corte interamericana de direitos humanos*. Belo Horizonte: Del Rey, 2005.

JIMÉNEZ SERRANO, Pablo. *Epistemologia do Direito: para uma melhor compreensão da ciência do direito.* Campinas, SP: Alínea, 2007.

LAFER, Celso. *A reconstrução dos Direitos Humanos* - Um diálogo com o pensamento de Hannh Arend. São Paulo: Schwarez. Ltda, 1991.

MARMELSTEIN, George. *Curso de Direitos Fundamentais*. 2. ed. São Paulo: Atlas, 2009.

MARTINS, Sergio Pinto. *Direito do Trabalho*. 25. ed. São Paulo: Atlas, 2009.

MARTÍNEZ Navarro, Emilio. *Ética para el desarrollo de los pueblos.* Madrid: Trotta, 2000.

MIRANDA, Jorge. Textos históricos do direito constitucional. 2. ed. Lisboa: Casa da Moeda, 1990.

MONDINO, Eduardo. Defensoría del Pueblo (Nacionales). In: TEALDI, Juan Carlos. *Diccionario latinoamericano de bioética.* Bogotá: UNESCO - Red Latinoamericana y del Caribe de Bioética: Universidad Nacional de Colombia, 2008.

MORAES, Alexandre de. *Direitos humanos fundamentais: teoria geral, comentários aos arts. 1º a 5º da Constituição da República Federativa do Brasil, doutrina e jurisprudência.* 2. ed. São Paulo: Atlas, 1998.

NALINI, José Renato. *Ética geral e profissional.* 4. ed. rev. e atual. São Paulo: Rt, 2004.

PIOVESAN, Flávia. *Direitos humanos e o direito constitucional internacional.* 8. ed. São Paulo: Saraiva, 2007.

________. *Direitos humanos e o direito constitucional internacional.* 11. ed. São Paulo: Saraiva, 2010.

QUIROGA Lavié. *Direito constitucional.* 3. ed. Buenos Aires: Depalma, 1993.

RAMOS, André de Carvalho. *Direitos humanos em juízo: comentários aos casos contenciosos e consultivos da Corte Interamericana de Direitos Humanos.* São Paulo: Max Limonad, 2001.

REALE, Miguel. *Filosofia do Direito.* 20. ed. São Paulo: Saraiva, 2002.

________. *Filosofia do Direito.* 5. ed. Revista e aumentada. São Paulo: Saraiva 1969.

RICARDO, João. *O que são Direitos Humanos.* São Paulo: Brasilense, 1989.

ROSS, Alf. *Direito e Justiça.* Trad. Edson Bini. Revisão técnica Alysson Leandro Mascaro. Bauru, São Paulo: EDIPRO, 2000.

SANDEL, Michael J. *Justiça* – O que é fazer a coisa certa. Trad. de Heloisa Matias e Maria Alice Máximo. 10. Ed. Rio de Janeiro: Civilização Brasileira, 2013.

SARLET, Ingo Wolfgang. *A eficácia dos direitos fundamentais.* 8. ed. Porto Alegre: Livraria do Advogado, 2007.

________. *Direitos Fundamentais:* orçamento e reserva do possível. 2. ed. rev. e ampl. Porto Alegre: Livraria do Advogado, 2010.

SEARLE, John R. *Filosofia contemporânea nos Estados Unidos*, in BUNNIN, Nicholas e E.P. Tsui-James (orgs). "Compendio de Filosofia". São Paulo: Loyola, 2002.

SILVA, José Afonso da. *Curso de direito constitucional positivo.* 23. ed., rev., e atual., São Paulo: Malheiros, 2004.

________. *Aplicabilidade das normas constitucionais.* 6. ed. São Pulo: Malheiros, 2004.

SOUZA, Sérgio Iglesias Nunes de. *Direito à Moradia e de Habitação.* 2. ed. São Paulo: Rt, 2008.

SROUR, Robert Henry. *Ética empresarial.* Rio de Janeiro: Campus, 2000.

TEALDI, Juan Carlos. *Diccionario latinoamericano de bioética.* Bogotá: UNESCO - Red Latinoamericana y del Caribe de Bioética: Universidad Nacional de Colombia, 2008.

TEMER, Michel. *Elementos de Direito Constitucional*. 23. ed. São Paulo: Malheiros, 2010.

VERGÉS RAMÍREZ, Salvador. *Derechos Humanos*: Fundamentación. Madrid, España: Tecnos, 1997.

WEBER, Max. *O direito na economia e na sociedade*. Trad. Marsely de Marco Martins Dantas. São Paulo: Ícone, 2011.

WILLIAMS, Bernard. *Moral: uma introdução à ética*. Trad. Remo Mannarino Filho; revisão da tradução Maarcelo Brandão Cipolla. São Paulo: Martins Fontes, 2005.

Printed in Dunstable, United Kingdom

91342464R00070